Harumis japanische Küche
Harumi Kurihara

DORLING KINDERSLEY
London, New York, Melbourne, München und Delhi

Gestaltung Mark Thomson
Lektorat Shirley Booth und Akiko Sakaguchi (Japan)
Layout Annabel Rooker
Projektkoordination Sue Hudson und Akiko Sakaguchi
Übersetzung Tomoko Miyakoda
Bildrecherche Hanako Itahashi
Dank an Yutaka Seino und Naomi Ogura
Herstellung International Design UK Ltd

Alle Rezepte sind zuerst in Fusosha's
Kurihara Harumi's Suteki Recipe in Japan erschienen.

Für die deutsche Ausgabe
Programmleitung Monika Schlitzer
Projektbetreuung Nicola Aschenbrenner
Herstellungsleitung Dorothee Whittaker
Herstellung Anna Strommer

Bibliografische Information Der Deutschen Bibliothek
Die Deutsche Bibliothek verzeichnet diese Publikation
in der Deutschen Nationalbibliografie;
detaillierte bibliografische Daten sind im Internet über
http://dnb.ddb.de abrufbar.

Titel der englischen Originalausgabe:
Harumi's Japanese Cooking

Rezepte © Harumi Kurihara
Text © Harumi Kurihara und FCI London 2004
Fotos © Fusosha Inc.

Der Originaltitel erschien 2004 in Großbritannien bei
Conran Octopus Limited, London

© der deutschsprachigen Ausgabe by
Dorling Kindersley Verlag GmbH, München, 2006,
3. Auflage
Alle deutschsprachigen Rechte vorbehalten

Übersetzung Martin Waller, Werkstatt München
Redaktion Elke Homburg, Text-Welten

ISBN 978-3-8310-0880-3

Druck und Bindung Firmengruppe Appl, Wemding

Besuchen Sie uns im Internet
www.dk.com

Bildnachweis:
Norio Ando S. 34, 60, 61, 80, 81, 150, 151
Takeharu Hioki S. 51, 96, 97, 104, 154
Takahiro Imashimizu S. 14, 52, 53, 100, 101
Masao Kudo S. 16, 17, 27, 30, 32, 39, 45, 55, 56, 57, 68, 71–74,
76, 77, 79, 95, 114, 117, 119, 128, 132, 134, 136–138, 158, 159
Miwa Kumon S. 20, 21
Teruaki Nagamine S. 27, 35, 37, 38, 42, 44, 46, 48, 49, 64, 82,
88, 89, 106–109, 115, 139, 144, 152, 153, 155, 157, 158
Hiroyasu Nakano S. 16, 19, 22, 27, 29, 62, 125, 147, 157–159
Kazuaki Nakazato S. 13, 58, 65, 67, 85, 90, 91, 94, 98, 102, 103,
116, 120, 121, 127
Akio Takeuchi S. 5, 41, 86, 92, 110, 113, 122, 127–131, 140–143,
148, 156

Umschlagfotos Akio Takeuchi
Klappe vorne Teruaki Nagamine

Harumis japanische Küche

Harumi Kurihara

Dorling Kindersley

»Nehmen Sie die Herausforderung an und genießen Sie das Essen mit all Ihren Sinnen.«

Inhalt

Vorwort

Shirley Booth

Um Harumi Kurihara und ihre Art des Kochen zu verstehen, muss man wissen, aus welcher Tradition sie kommt. Die Grundprinzipien ihrer Kochkunst sind tief in der traditionellen Küche Japans verwurzelt, aber Harumi ist eine moderne japanische Frau und entfernt sich immer wieder auf höchst kreative Weise von der Tradition. Geboren wurde sie im amerikanisch besetzten Nachkriegsjapan. Das Land erlebte damals einen großen Aufbruch, entfernte sich von der Vergangenheit und ihren überkommenen Traditionen und wandte sich der Zukunft zu – und dem Westen. Die Ernährung hatte dabei Symbolcharakter: Jahrhundertelang hatte die Reis-Fisch-Küche dominiert, nun gewöhnten sich die Japaner an Brot, Milch und Hamburger, wandten sich aber keineswegs völlig von der Tradition ab. Nach wie vor ist die traditionelle Ernährung in Japan tief verwurzelt.

Harumis Gerichte gehören nicht zur klassischen japanischen Küche im strengen Sinn, aber die Sensibilität, die diese auszeichnet, bestimmt auch Harumis Kochkunst. Sie ist Grundlage und Ausgangspunkt zugleich.

Was zeichnet nun diese Tradition aus? Den Wechsel der Jahreszeiten zu beachten, ja zu zelebrieren, ist ein wesentliches Merkmal der japanischen Küche. Auch hierzulande gibt es einige Lebensmittel, die wir mit bestimmten Jahreszeiten in Verbindung bringen, etwa Erdbeeren, Spargel und Kürbisse. Japan aber kennt zahllose Speisen, die jeweils nur zu einer ganz bestimmten Jahreszeit die Sinne anregen sollen: Aal in der drückenden Sommerhitze, Matsutake-Pilze im Herbst, Bambussprossen im Frühling. Doch nicht nur das Essen als solches richtet sich nach der Saison (Tiefkühlkost hat sich in Japan nie richtig durchsetzen können), auch die Art, wie es angerichtet wird, ist den Jahreszeiten nachempfunden und zelebriert sie entsprechend. Ein Herbstgericht wird beispielsweise mit »Piniennadeln« – mit Nori-Seetang zusammengebundenen Bündeln frittierter Nudeln – oder mit roten Ahornblättern dekoriert. Gebäck wird im Frühling in die Form einer Kirschblüte gebracht und andere Speisen dekoriert man mit echten Blüten.

Nur saisonale Zutaten zu verwenden bedeutet, dass sie immer außerordentlich frisch sind. Und diese frischen Zutaten schmecken am besten, wenn man sie möglichst wenig bearbeitet. Nach einer japanischen Redensart ist die beste Art zu kochen, so wenig wie möglich zu kochen. Diese Philosophie steht hinter dem Genuss von Sashimi, rohem Fisch. Mit wirklich frischem Fisch möchten die Japaner nur eines tun – ihn essen. Als Beigaben genügen ein Schuss Sojasauce und etwas Wasabi. Diese helfen, das Aroma des Fisches herauszukitzeln, ohne seinen Eigengeschmack zu überdecken.

Dies ist das Grundprinzip aller japanischen Kochtechniken: den natürlichen Geschmack der Zutaten zu erhalten und möglichst gut zur Geltung zu bringen. Daraus folgt, dass die Zubereitung einfach sein muss. Harumis Verdienst ist es, die Zubereitung noch weiter vereinfacht zu haben; mit ihrer Hilfe ist die japanische Küche im 21. Jahrhundert angekommen. Nicht zuletzt deshalb sind ihre Rezepte bei modernen japanischen Frauen so populär, und sicher wird sie dazu beitragen, dass auch die Europäer häufiger japanisch kochen. Ein Grund für Harumis Erfolg ist sicher auch, dass sie Fertigprodukte nicht rigoros ablehnt. Fertigsaucen, Mayonnaise aus der Tube, Thunfisch aus der Dose oder Würzpasten werden bedenkenlos verwendet, wenn sie nützlich sind.

Sie scheut sich auch nicht davor, die moderne Technik für ihre Zwecke einzuspannen. Für ihren Möhren-Thunfisch-Salat gart sie die Möhren in der Mikrowelle, weil sie dann knackiger bleiben, als wenn sie sie kochen würde. Harumi möchte ihre Leser dazu ermuntern, gesundes und leckeres Essen zu kochen, und wenn die Mikrowelle dabei hilft, schneller zum Ziel zu kommen, warum sollte man sie dann nicht benutzen? Wo es ihrer Meinung aber einen wesentlichen Unterschied macht, legt sie großen Wert darauf, traditionelle Techniken zu pflegen. Ihre Dashi-Brühe, die Grundlage vieler Gerichte ist, stellt sie grundsätzlich aus den Basiszutaten Kombu-Seetang und getrockneten Fischflocken (Katsuo bushi) selbst her.

Wenn Harumi auch nicht Stunden in der Küche verbringt, um Nudeln das Aussehen von Piniennadeln zu geben, so sind ihre Rezepte doch vom Geist der japanischen Küche durchdrungen. Dort aber, wo sie neue Aromen aus aller Welt begeistert aufnimmt, klammert sich Harumi nicht an die Tradition. Bislang aß man in Japan entweder japanisch (washoku) oder westlich (yoshoku), und zwischen beiden Küchen gab es keine Berührungspunkte. Harumi aber mischt traditionell japanische Zutaten unbekümmert mit europäischen und solchen aus Südostasien. Durch den Mangel an Weideland und den Einfluss des Buddhismus, der das Essen von Tieren verbot, sind Milchprodukte in Japan in der traditionellen Küche nie verwendet worden. Harumi hingegen hat kein Problem damit, Sahne an ein Gericht mit Miso zu geben oder Tofu mit Gorgonzola und Basilikum zu servieren. Frischkäse und Tomatenketchup haben ihren Platz in Harumis Küche, und das trägt dazu bei, dass sich auch Anfänger an die japanische Küche heranwagen.

Es bleibt die Frage, was die japanische Küche von heute ausmacht.

Sind es einfach die Speisen, die in Japan gegessen werden? Dann muss man aber im Gegenzug fragen, wann sich eine Zutat so weit in der Küche eines Landes etabliert hat, dass sie nicht mehr als fremd angesehen wird? Kaum jemand würde heutzutage anzweifeln, dass Tomaten ein authentischer Bestandteil der italienischen und spanischen Küche sind oder dass Kartoffeln auf den täglichen Speiseplänen der nördlichen Länder unverzichtbar sind. Und doch wurden beide einst wie Eindringlinge misstrauisch beäugt, als sie aus der Neuen Welt eingeführt wurden. In Japan verabscheute man Rindfleisch bis zur Mitte des 19. Jahrhunderts geradezu, heute gilt das Rindfleischgericht Sukiyaki als ein Klassiker der japanischen Küche. Ironischerweise ist das japanische »Curry« seinerzeit aus England und nicht aus Indien eingeführt worden.

Was Harumis Speisen zu typisch japanischen macht, ist auf jeden Fall auch die Art, wie sie angerichtet werden. Die Portionen sind klein und werden alle auf eigenen Tellern serviert. Harumi besteht nicht darauf, dass ihre Leser es ihr nachtun, betont aber, dass die Ästhetik der Präsentation wesentlich zum Genuss des Essens beiträgt.

Harumis stilvolle, unprätentiöse Art zu kochen ist aber vor allem ganz einfach nachzuahmen. Sie kocht Speisen, die man in japanischen Familien isst, auf Partys und in Restaurants: die alltägliche Kost im Japan des 21. Jahrhunderts.

Doch bei aller Begeisterung über die Vorzüge der Hausmacherkost und die Ästhetik des Anrichtens darf Harumis wichtigste Botschaft nicht unter den Tisch fallen: Kochen soll Spaß machen. Auf Harumi selbst trifft das mit Sicherheit zu – mit ihr in der Küche zu stehen, ist ein Genuss. Spaß und Leichtigkeit beim Kochen hat sie aber auch Millionen von japanischen Frauen vermittelt. Jetzt hofft sie, dass sie auch außerhalb Japans auf offene Ohren stößt. Ich zweifle nicht daran.

Einführung
Harumi Kurihara

Ich hatte das Glück, in einem sehr traditionellen und schönen Teil Japans aufzuwachsen und eine Mutter zu haben, die sich nicht nur um den Haushalt kümmerte, sonderen auch im Geschäft der Familie mithalf. Sie kochte für meinen Vater und uns Kinder immer frische und köstliche japanische Gerichte. Dieser familiäre Hintergrund ist für mich stets eine Quelle der Inspiration gewesen. Das meiste von dem, was ich heute über das Kochen weiß, habe ich von meiner Mutter gelernt. Mein Vater leitete eine kleine Druckerei, und meine Mutter kochte dreimal am Tag. Sie stand morgens um fünf Uhr auf, damit um sechs eine warme Mahlzeit für die Familie auf dem Tisch stand. Abends kochte sie zusätzlich für die Angestellten. Obwohl sie heute nicht mehr so viele Menschen versorgen muss, steht sie immer noch in aller Früh auf und nutzt die Zeit, während der Reis kocht, um den Rest des Essens zuzubereiten und sich für den Tag fertig zu machen – diese Zeit gehört ihr ganz allein. Sie trägt auch immer noch, anders als die meisten japanischen Frauen heutzutage, tagtäglich einen Kimono. Er sei bequem und leicht zu tragen, erklärt sie. Ich bin Frühaufsteherin wie sie, und auch ich schätze die morgendliche Ruhe. Früher war es ganz normal, dass Frauen viel Zeit in der Küche verbrachten, aber heute ist das sehr selten geworden. Ich genieße es, in meiner Küche herumzuwerkeln und freue mich, wenn ich meiner Familie das Leben so angenehm wie möglich gestalten kann. Unser Haus war immer voller Menschen: die Familie, die Angestellten meines Vaters, Freunde, Besucher. Oft kochte meine Mutter für ein Dutzend Leute, aber nie hatte man den Eindruck, es bereite ihr Mühe. Still arbeitete sie vor sich hin und jede einzelne Mahlzeit war perfekt zubereitet.

Von meiner Mutter habe ich gelernt, dass auch die Routinearbeiten des täglichen Lebens – jeden Tag für die Familie kochen zum Beispiel – nicht langweilig sein müssen. Auch Hausarbeit kann befriedigend sein, entscheidend ist die positive Einstellung. Wenn man auf die kleinen Dinge achtet, kann man das Glück auch im Alltag finden, und darauf kommt es an in einer Familie, die das Leben miteinander teilt.

An meine Mutter zu denken, erfüllt mich mit Zärtlichkeit und Stolz. Ihre Fähigkeit, in guten wie in schlechten Zeiten Ruhe und Gelassenheit zu bewahren, hat mich immer sehr beeindruckt.

Wie viele japanische Familien wohnten wir nahe am Meer und aßen daher reichlich Fisch. Es stand aber auch oft Fleisch auf dem Speiseplan, was damals ungewöhnlich war. Alles, was meine Mutter auf den Tisch brachte, war auf jeden Fall sorgfältig zubereitet, und sie wählte gesunde Zutaten: verschiedene Sorten Seetang, Sesam, Sojasauce und natürlich Reis. Wer für seine Familie kocht, möchte sie schließlich nicht nur satt machen, sondern auch gesund ernähren. Wie sehr ich durch meine Eltern, besonders meine Mutter, beeinflusst wurde, merke ich immer wieder, wenn ich mein eigenes Zuhause betrachte. Auch ich empfange gern Gäste, auch ich stehe früh auf und bereite alles für den Tag vor. Auch ich sorge leidenschaftlich gern für meine Familie, und es ist wohl nicht übertrieben zu sagen, dass das Kochen für Familie und Freunde mich glücklich macht. Dabei interessiert es mich überhaupt nicht, meine Gerichte nur um des schönen Scheins willen zu garnieren. Zu viele Köche heutzutage glauben, ihre Gerichte mit aufwändigen Garnierungen aufwerten zu müssen. Ich bin ganz anderer Meinung, und wahrscheinlich sind meine Bücher nicht zuletzt deshalb in Japan so erfolgreich.

Meine Rezepte und die japanische Küche

Sie werden schnell merken, dass ich am liebsten mit Zutaten koche, die die meisten Familien sowieso in der Speisekammer oder im Kühlschrank stehen haben – oder sogar Reste verwerte. Für das gewisse Etwas sorgt meine Art zu würzen. Die Bedürfnisse meiner eigenen Familie ließen mich nach neuen und interessanten Varianten für bekannte Gerichte suchen. Eines meiner beliebtesten Rezepte ist mein Möhren-Thunfisch-Salat. Ich habe das Rezept vor über zwölf Jahren kreiert und bekomme immer noch Leserbriefe dazu. Offenbar habe ich ihn auf eine Art angemacht, die die Leser inspiriert hat. Ein anderes Beispiel ist eines meiner Hamburger-Rezepte. Hier habe ich ein bisschen Gobo, ein japanisches Wurzelgemüse, in die Fleischmischung geraspelt und dem Ganzen damit nicht nur eine japanische Note gegeben, sondern auch etwas Gesundes hinzugefügt.

Natürlich ist die traditionelle japanische Küche die Basis meiner Küche. Japanisch kochen zu lernen heißt auch, eine Reise in eine Kultur mit einer anderen Denkweise zu unternehmen und sich ein Stück weit darauf einzulassen. In ihrer Ästhetik, ihrer Vielfalt und ihrer Einbeziehung der Jahreszeiten ist die japanische Küche wohl einzigartig, und auch wenn es einfach aussieht: Ausgewogen zu würzen, kann eine recht komplexe Angelegenheit sein.

Viele meiner Freunde aus dem Westen wundern sich, wenn sie von der traditionellen japanischen Vorstellung von Vielfalt beim Essen hören. Wir glauben, dass man am Tag etwa dreißig verschiedene Arten von Speisen zu sich nehmen sollte. Deswegen besteht eine Mahlzeit aus so vielen verschiedenen Kleinigkeiten. Ich glaube, mit nur wenigen Zutaten wird eine Mahlzeit schnell langweilig – es müssen einfach verschiedene Geschmacksnoten und verschiedene Texturen im Spiel sein, damit ein Essen ausgewogen ist und interessant schmeckt. Erwähnenswert ist sicherlich auch, dass diese traditionelle Weise der Ernährung den Japanern geholfen hat, schlank und in vielerlei Hinsicht auch gesund zu bleiben.

Reis

Das wichtigste Lebensmittel, das praktisch zu jeder Mahlzeit gehört, ist Reis. Was auch immer sonst noch auf den Tisch kommt, eine Schale meist weißer Reis muss dabei sein. Er ist der Mittelpunkt des kulinarischen Lebens in Japan, die Hauptspeise. Kaum ein Japaner könnte sich ein Leben ohne Reis vorstellen – ich ebenso wenig.

Wenn man in Japan (oder im Asia-Laden) Reis kauft, ist man mit einer verwirrenden Vielzahl von Päckchen und Säcken konfrontiert. Anscheinend enthalten alle das gleiche Korn, und nur der Kenner weiß um die feinen Unterschiede. Japanischer Reis ist rundkörnig und geschmacksintensiv und lässt sich leichter mit Stäbchen essen als die langkörnige Variante.

Geschirr und Ästhetik des Anrichtens

Was bei einer japanischen Mahlzeit sofort auffällt, ist die Vielzahl der unterschiedlichen Teller und Schälchen. Besucher aus dem Westen wundern sich meist über die Berge von

Geschirr, die in die Küchenschränke gezwängt werden. So gibt es kleine Teller für Soja-sauce, lange Teller für gegrillten Fisch oder Schälchen mit Deckel für Misosuppe. Anders als im Westen müssen die Teile nicht zusammenpassen.

Neben Keramik benutzen wir auch Glas-, Lack-, Metall- und Holzgeschirr. Im Sommer kommt viel Glas zum Einsatz, das Kühle ausstrahlt – im feuchtheißen japanischen Sommer eine Wohltat! Im Winter lieben wir die sanfte Wärme von Lackwaren. Wer Sushi kennt, hat sicher auch schon die prächtigen Holzplatten gesehen, auf denen sie serviert werden. Auch Bambus, in Japan allgegenwärtig, wird ausgiebig und kreativ als Geschirr genutzt. Schon die Bandbreite der Materialien reflektiert die Vielfalt der Küche und unterstreicht die Bedeutung der Ästhetik beim Anrichten japanischer Mahlzeiten.

Die enorme Menge an unterschiedlichem Geschirr sorgt bei Neulingen in der japa-nischen Küche oft für Verwirrung, ich aber genieße diese Vielfalt. Ich liebe es, auf Reisen Antiquitätenläden, Märkte und Kaufhäuser nach außergewöhnlichem Geschirr zu durchstöbern. Wenn wir feinstes Porzellan mit grobem Steingutgeschirr kombinieren, dann entspricht das unserer Vorstellung von Ästhetik.

Ich finde, dass die Wahl des passenden Geschirrs für ein bestimmtes Gericht zu den Aufgaben eines jeden Kochs gehört. Der richtige Teller bringt das Bild, das die Mahlzeit bietet, zur Vollendung. Wir glauben, dass Einfachheit ein Schlüssel zur Schönheit ist: Das zeigt sich auch oft in der japanischen Kunst, etwa der traditionellen Kunst der Tuschzeich-nung. Beim Essen bedeutet dies, dass auf jeden Teller und in jede Schale nur eine kleine Portion Essen gefüllt wird, schließlich soll auch das Geschirr selbst bewundert werden. Viele meiner japanischen Freunde, die im Ausland waren, berichteten mir von ihrem Ent-setzen, als sie einen ganzen Berg von Essen auf einem einzigen Teller serviert bekamen. Sie fühlten sich auf eine fast obszöne Art von der reinen Menge überwältigt. Meine eigene umfangreiche Geschirrsammlung teile ich in drei Gruppen ein. Da sind die Sachen für den täglichen Gebrauch – einfach, normalerweise nicht teuer und leicht zu ersetzen. Dann gibt es das »Puppenhausgeschirr«, winzige Tellerchen und Schälchen, die mich an Spielzeug aus meiner Kindheit erinnern. Dieses typisch japanische Geschirr wird für Soja-sauce, Dressings und andere Saucen verwendet. Und schließlich ist da noch das »Beloh-nungsgeschirr«, oft Einzelstücke und manchmal ziemlich teuer. Ich finde, dass ich jeden Tag hart arbeite und gönne mir daher von Zeit zu Zeit eine Belohnung, indem ich mei-nem Hang zu schönen Dingen nachgebe. Eine Mahlzeit, in der etwas vom »Belohnungs-geschirr« zum Einsatz kommt, ist etwas ganz Besonderes.

Viele Leute im Westen kaufen ein Service, in dem alle Teile zueinander passen, und lassen es dabei. Nie tauschen sie etwas aus oder fügen etwas hinzu – obwohl sich

unser Geschmack und die Mode doch ständig wandeln! Heute gefallen mir andere Dinge als früher, und es macht mir Freude, neue Sachen einzukaufen. Zurzeit benutze ich ovale Teller in vielen Variationen; ich finde sie schön und ausgesprochen vielseitig verwendbar.

Ich möchte auch Sie dazu ermutigen, unterschiedliche Formen auszuprobieren. Immer nur runde Teller zu verwenden, würde mich ungeheuer langweilen. Suchen Sie ruhig auch neue Einsatzmöglichkeiten für Ihr Geschirr: Möglicherweise macht es sich gut als Blumenvase oder Kerzenständer bei einer Party. In Japan bestimmt zwar die Tradition, dass bestimmte Teller nur für dies und andere nur für jenes benutzt werden dürfen, aber ich fühle mich daran immer weniger gebunden. Ich schätze die Tradition, finde aber, dass man sich nicht zu sehr von ihr einengen lassen darf. Folgen Sie Ihrer Fantasie und freuen Sie sich daran! Das ist der beste Weg, die eigene Kreativität zu entfalten.

Etikette

Traditionell wurde in Japan während des Essens nicht gesprochen. Vielleicht haben Sie in Samurai-Filmen schon gesehen, dass jeder Krieger für sich an einem eigenen Tischchen aß. Ich nehme an, schweigend zu essen galt als eine Art von Meditation. Wenn Sie dagegen schon einmal in einer japanischen Bar oder Kneipe waren, in der man zum Bier oder Sake eine Auswahl an kleinen Snacks (Otsumami) zu sich nimmt, dann werden Sie keine Spur von heiliger Stille bemerkt haben. Hier herrscht ein geschäftiges Treiben, und alle unterhalten sich angeregt (um nicht zu sagen lautstark) an ihren Tischen.

Die Esssitten ändern sich in Japan wie überall sonst auch. Wir sind nicht mehr vom Rest der Welt abgeschnitten – ganz im Gegenteil: Wir heißen andere Küchen, Zutaten und Geschmacksnoten mit großer Begeisterung willkommen. Die Rezepte in diesem Buch spiegeln diese Erfahrung wider. Aber dennoch – auch wenn wir etwas aus einem anderen Land übernehmen, passen wir es immer ein wenig unserem eigenen Geschmack an und kreieren dabei eine neue japanische Küche. Drei Prinzipien in der japanischen Art zu essen werden auf keinen Fall angetastet, und sie machen unsere Küche so unverwechselbar: Vielfalt, Anlehnung an die Jahreszeiten und Ästhetik.

Ich hoffe, dass Ihnen dieses Buch neben den Rezepten auch Sinn für das Anrichten der Speisen vermitteln kann und Ihnen ein Gefühl dafür gibt, welche Gerichte sich für welche Gelegenheiten eignen. Ein Grundsatz: Halten Sie sich an die Jahreszeiten, wann immer es möglich ist und dekorieren Sie auch der Jahreszeit entsprechend. Sie werden problemlos japanisches Geschirr finden, auf dem rote Ahornblätter als Zeichen des Herbstes abgebildet sind. Ein Blatt von einem Baum oder auch ein Teller in einer Herbstfarbe erfüllen den gleichen Zweck.

Dieses Buch ist so konzipiert, dass Sie zunächst ein bestimmtes Rezept auswählen und dann entscheiden, ob Sie es als Vorspeise oder als Hauptgericht servieren möchten. Sie werden überrascht sein, wie leicht Ihnen alles von der Hand geht und wie sich das Geschmackserlebnis vom Gewohnten unterscheidet. Viele verschiedene kleine Speisen unterschiedlichster Geschmacksrichtungen werden zu einem ungeheuer spannenden Mahl komponiert. Ich hoffe, Sie erkennen auch, wie gesund eine solche Mahlzeit ist. Japanisches Essen ist so gesund, weil es unseren Appetit mit Vielfalt und nicht mit Masse stillt. Aber auch in Japan ändert sich der Geschmack: Zum Beispiel bereitet man immer mehr Desserts aus Milchprodukten. Darum habe ich auch ein paar Nachspeisen mit aufgenommen, die nicht der Tradition entsprechen.

Ich hoffe, dass Sie diese Rezepte mögen werden – alle sind ursprünglich in meiner Zeitschrift »Suteki Recipe« veröffentlicht worden und wurden mit Begeisterung aufgenommen. Ich habe vor allem solche Rezepte ausgewählt, die außerhalb Japans möglichst einfach zu meistern sind und habe mich in der Regel auf Zutaten gestützt, die viele von Ihnen wahrscheinlich sowieso vorrätig haben. Für Leser, die schon etwas Erfahrung mit der japanischen Küche haben, sind allerdings auch einige anspruchsvollere Rezepte dabei.

Ich wünsche mir sehr, dass es Ihnen Spaß machen wird, auf eine neue Art Speisen anzurichten und zu essen. Vor allem hoffe ich, dass Sie dabei die gleiche Freude und Befriedigung erfahren wie ich. Das Leben kann hart und schwierig sein, die Herausforderung besteht darin, trotzdem gut zu leben. Ich bin der festen Überzeugung, dass wir durch unsere Art zu essen unsere Lebensqualität steigern können.

Nehmen Sie die Herausforderung an und genießen Sie eine Mahlzeit mir all Ihren Sinnen – japanisches Essen ist nicht Furcht einflößend, nur aufregend und köstlich!

Zum Gebrauch dieses Buches

Mit diesem Buch möchte ich Lesern aus aller Welt eine Einführung geben, wie in modernen japanischen Haushalten gekocht wird. Es soll dazu beitragen, die Küche Japans zu entmystifizieren und Mut machen, sich einer neuen Kochkultur zuzuwenden.

Ich will Sie nun aber keineswegs auf die Suche nach vielen fremdartigen Zutaten schicken. Ich habe nach Möglichkeit Rezepte ausgewählt, die überall auf der Welt recht einfach nachzukochen sind. Alle Zutaten, sogar Gemüse, unterscheiden sich ja von Land zu Land etwas. Wenn Sie bestimmte Produkte nicht bekommen, so lassen Sie Ihren gesunden Menschenverstand sprechen und wählen Sie vergleichbare Produkte. Hinweise finden Sie oft in der Zutatenliste und im Glossar.

Für bestimmte Zutaten habe ich konkrete Ersatzvorschläge gemacht; probieren Sie aber auf jeden Fall Rezepte selbst dann aus, wenn Sie nicht jede einzelne Zutat auftreiben können – meistens wird Ihr Ergebnis trotzdem dem Original nahe kommen. Neulinge in der japanischen Küche sollten mit den einfacheren Rezepten anfangen und sich auf diese Weise mit dem Aussehen und dem Geschmack dieser Art Speisen vertraut machen.

Behalten Sie nur die drei Grundprinzipien im Kopf, die ich in der Einführung genannt habe: Vielfalt, Ästhetik und Anlehnung an die Jahreszeiten. Wenn Sie diese beherzigen, können Sie auch ohne japanisches Geschirr die richtige Atmosphäre für eine japanische Mahlzeit zaubern. Sicher gibt es bestimmte Geschmacksnoten, die sich von den Küchen anderer Länder unterscheiden. Sie verlangen etwas Verständnis und einen offenen Geist. Einer der auffälligsten Unterschiede ist die Frage des Süßens: Zucker in ein würziges Gericht zu geben, ist bei uns ganz üblich. Auch Mirin, eine andere wichtige Zutat, ist recht süß und wird viel verwendet. Wer die japanische Küche nicht kennt, wundert sich zunächst darüber. Ich glaube, dass diese Süße das Essen ausgewogener macht. Dadurch verlangen wir viel seltener nach Desserts oder Süßigkeiten. Die Süße gleicht auch die Salzigkeit von Sojasauce, Miso und Dashi aus. Wenn es Ihnen aber gar nicht schmeckt, können Sie die Zuckermenge in den Rezepten nach Belieben verringern.

Japanisches Essen ist auch recht salzig, vor allem durch die Sojasauce. Versuchen Sie es zunächst mit der im Rezept angegebenen Menge und verringern Sie sie, wenn nötig.

Viele Rezepte beruhen auf dem Geschmack von Dashi, Mirin und Sojasauce in unterschiedlichen Kombinationen:

Dashi ist ein Fischfond aus Tangblättern (Kombu) und getrockneten Fischflocken (Katsuo bushi). Es lässt sich leicht herstellen (Seite 27), wenn man die nötigen Zutaten hat. Behelfen können Sie sich mit einem leichten Fischfond (nach Belieben mit etwas Hühnerbrühe gemischt). Auch das Kochwasser eines weißen Fisches liefert ein brauchbares Ergebnis. Der feine, aber charakteristische Geschmack von Dashi sollte möglichst nicht fehlen.

Mirin – gesüßter Reiswein, der normalerweise nur zum Kochen verwendet wird – ist noch schwerer zu ersetzen. Er gibt dem Essen eine herrlich sanfte, milde Süße. Gelegentlich wird empfohlen, stattdessen etwas mehr Zucker zu verwenden, aber Sie sollten doch versuchen, Mirin zu bekommen.

Sojasauce findet man mittlerweile überall. Nehmen Sie dunkle japanische Sojasauce, sofern im Rezept nicht ausdrücklich eine helle Sauce verlangt wird. Chinesische Sojasauce schmeckt etwas anders. Dann stellt sich die Frage der Kräuter und Gewürze. Viele davon dürften Sie in guten Asia-Läden bekommen, ansonsten habe ich auch Alternativen angegeben. In vielen Rezepten wird Sesampaste benötigt. Orientalisches Tahin ist ein guter Ersatz, sogar ungesüßte Erdnusscreme kann verwendet werden. Wer die Mehrkosten für japanische Sesampaste nicht scheut, wird mit einem authentischen Geschmackserlebnis belohnt werden. Sie wird aus geröstetem Sesam hergestellt und ist in ihrer üppigen Cremigkeit einzigartig.

In vielen meiner Rezepte werden Instant-Hühnerbrühe und Kartoffelstärke verwendet. Das sind alltägliche Zutaten, wenn Sie sich aber die Originalzutat im Asia-Laden besorgen möchten, halten Sie sich an Torigara Soup Powder, eine chinesische Instant-

Brühe. Sie sollte nicht mit chinesischer Suppenpaste verwechselt werden, ein guter Ersatz ist dagegen eine Mischung aus Hühner- und Rinderbrühe. Japanische Kartoffelstärke ist unter dem Namen Katakuriko im Handel erhältlich. Wenn ein Rezept Salz verlangt, verwenden Sie möglichst Meersalz.

Zusätzlich zu den neuen Geschmacksnoten oder -kombinationen werden Sie auch mit ein paar neuen Kochmethoden konfrontiert. Dass ich in puncto Alternativen für eine ganze Reihe von Zutaten sehr gelassen bin, dürfte klar geworden sein. Dafür nehme ich die Art und Weise, wie Gemüse vorbereitet werden muss, sehr genau. Ich bin der Überzeugung, dass Gemüse – je nachdem wie es geschnitten ist – völlig unterschiedlich in einem Gericht zur Geltung kommt. Halten Sie sich an die Anweisungen zum Schneiden, die Fotos geben eine zusätzliche Hilfestellung.

Für alle Gerichte brauchen Sie sehr scharfe Küchenmesser, ganz besonders aber zum Schneiden von rohem Fisch. Dass Sie rohen Fisch nur bei einem Fischhändler Ihres Vertrauens kaufen sollten, sei hier nur am Rande erwähnt. Auch mit Kochstäbchen sollten Sie umzugehen lernen. Sie werden überrascht sein, wie leicht es sich mit ihnen kochen lässt – vor allem, wenn Sie etwas im Wok zubereiten.

Da viele meiner Rezepte für Leute mit wenig Zeit konzipiert sind, kommt nicht selten auch die Mikrowelle zum Einsatz. Wenn Sie keine besitzen, dann wenden Sie die Kochmethode an, die Ihnen am meisten liegt. Für mich wie für viele Japaner ist die Mikrowelle, mit Sinn und Verstand eingesetzt, eine große Hilfe in der Küche geworden.

Obwohl ich die moderne Technik gerne in der Küche verwende, finde ich es doch wichtig, beim Mischen die Hände zu benutzen – das Ergebnis ist einfach besser. Sinnvoll ist es auch, stets kleine Schälchen parat zu haben, denn in vielen meiner Rezepte müssen zu Beginn Marinaden oder Saucen zubereitet oder Zutaten miteinander vermischt werden. Für einige Gerichte brauchen Sie einen Deckel, der den Topf während des Kochens fest abschließt. Dadurch wird der Geschmack der Speisen intensiver.

Halten Sie sich an folgende Maßangaben:

1 EL = 15 ml, 1 TL = 5 ml

Zum Schluss möchte ich Sie nochmals daran erinnern, bei der Entscheidung für ein Gericht die drei Hauptprinzipien im Auge zu behalten: Vielfalt, Ästhetik und Anlehnung an die Jahreszeiten. Bemühen Sie sich, eine Balance zwischen den Aromen der verschiedenen Speisen zu finden. Aber vor allem: Entspannen Sie sich und genießen Sie die Reise in die aufregende Welt der japanischen Küche.

Dashi

Im Mittelpunkt vieler japanischer Gerichte steht ein Fischfond namens Dashi. In Japan wird vielfach Instant-Dashi verwendet, das ich aber zu salzig finde. Ich stelle es lieber selbst her. Der Geschmack lässt sich durch die Länge der Kochzeit leicht verändern. Wenn man die Zutaten hat, lohnt es sich, ein bisschen herumzuprobieren. Gutes Dashi als Grundlage kann aus einem guten Gericht ein außergewöhnliches machen.

Kombu-Seetang

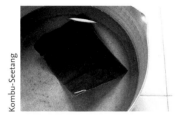 

getrocknete Fischflocken

Zutaten für 800 ml Dashi:
1 Stück getrockneter Kombu-Seetang, etwa 10 x 10 cm
1 l Wasser
30 g getrocknete Fischflocken vom Bonito oder Thunfisch (Katsuo bushi)

1 Den getrockneten Kombu mit einem feuchten Tuch abwischen und in einem Topf im Wasser einweichen. 10 Minuten reichen normalerweise.

2 Das Wasser erhitzen und den Kombu herausnehmen, wenn es beginnt warm zu werden. Sobald das Wasser kocht, die Fischflocken hineingeben und 1–2 Minuten bei starker Hitze mitkochen. Dann den Herd abschalten. Abseihen, sobald die Fischflocken auf den Boden gesunken sind. Gelegentlich werden sie für eine schwächere Dashi-Version noch einmal verwendet. Dashi kann problemlos eingefroren werden.

Vorspeisen
& Häppchen

Wenn Sie in einer Bar in Japan etwas zu trinken bestellen, bekommen Sie normalerweise immer eine essbare Kleinigkeit dazu. Diese Appetithäppchen, vergleichbar den Tapas in Spanien, werden Otsumami genannt. Auch meine Familie liebt es, kleine Häppchen zu knabbern, während wir uns unterhalten und ein Gläschen trinken, oder wenn wir nach einem langen Arbeitstag zusammenkommen, um uns über Neuigkeiten auszutauschen.

In meiner Familie kochen alle gern, darum hilft jeder beim Vorbereiten der vielen kleinen Speisen mit, die wir später in geselliger Runde verzehren. Manchmal kommen bis zu acht verschiedene Snacks dabei heraus, wenn jedes Familienmitglied Ideen beisteuert. Wir haben alle unsere speziellen Vorlieben: Mein Mann beispielsweise kocht gern im westlichen Stil, während meine Tochter mit verschiedenen Ethno-Küchen experimentiert oder italienisch kocht. Mein Sohn dagegen hat es am liebsten traditionell japanisch. Viele dieser Gerichte eignen sich als Appetithäppchen zu Drinks genauso wie als Vorspeisen im Rahmen einer größeren Mahlzeit – Sie allein entscheiden, wie und bei welcher Gelegenheit Sie die kleinen Köstlichkeiten servieren.

Sautierte Jakobsmuscheln mit Misosauce

Hotate no Sauté Miso Sauce

Die Muscheln eignen sich als Vorspeise, können aber auch als Teil einer typisch japanischen Mahlzeit serviert werden. Ich finde, dass die Kombination von japanischen Aromen wie Miso und westlichen wie Parmesan dem Gericht eine aufregende Note verleiht.

(Für 4 Personen)
240 g sehr frische ausgelöste Jakobsmuscheln
Salz und frisch gemahlener Pfeffer
1 Knoblauchzehe, zerdrückt
Mehl, zum Bestauben der Muscheln
1–2 EL Sonnenblumen- oder Pflanzenöl
2 EL Weißwein
2 EL Miso (Seite 158)
1 EL Mirin (Seite 158)
1 TL Sojasauce
1 TL extrafeiner Zucker
1–2 EL Wasser
½ EL körniger Senf
2 EL Sahne
1 kleines Bund Brunnenkresse
frisch geriebener Parmesan (nach Geschmack)

1 Die Jakobsmuscheln mit Salz, Pfeffer und dem Knoblauch würzen und mit etwas Mehl bestauben.

2 Das Öl in einer kleinen Pfanne erhitzen und die Muscheln auf beiden Seiten kurz anbraten, sodass sie außen versiegelt, innen aber noch roh sind.

3 Die Pfanne vom Herd nehmen und die Jakobsmuscheln in eine Schüssel geben. Den Weißwein, Miso, Mirin, Sojasauce, Zucker und das Wasser in der Pfanne miteinander verrühren und unter Rühren zum Kochen bringen. Vom Herd nehmen und Senf und Sahne untermischen.

4 Die Kresseblätter abzupfen und auf einem großen Servierteller verteilen. Die Stängel sehr fein hacken und zum Garnieren beiseite stellen. Die Jakobsmuscheln auf das Kressebett setzen, die heiße Misosauce darüberträufeln und mit den fein gehackten Kressestängeln garnieren. Mit Parmesan bestreuen und servieren.

Weißer Fischsalat

Eine wunderbare Vorspeise oder ein leichtes Mittagessen. Ich verwende dafür gerne das feste weiße Fleisch der Meerbrasse, aber Kabeljau oder Schellfisch eignen sich ebenfalls.

(Für 4 Personen)
100–150 g weißes Fischfilet in Sashimi-Qualität
Salz und frisch gemahlener Pfeffer
ein wenig zerdrückter Knoblauch (nach
   Geschmack)
½ EL Sonnenblumen- oder Pflanzenöl
einige gemischte grüne Salatblätter

Für das Sesamdressing:
3 EL Sesampaste (siehe Anmerkung und Seite 159)
2 EL heißes Wasser
ein wenig Instant-Hühnerbrühe
1 EL extrafeiner Zucker
1 EL Sojasauce
1 EL Reisessig (Seite 159)
½ EL Mirin (Seite 158)
½ TL rote Chilipaste, z. B. To Ban Jan
2 EL grob gemahlene Sesamsamen
Frühlingszwiebeln oder Schnittlauch in feine
   Ringe geschnitten, zum Garnieren
etwas grob gemahlener schwarzer Pfeffer

Anmerkung:
Wenn Sie japanische Sesampaste guter Qualität nicht bekommen können, verwenden Sie das orientalische Tahin oder ungesüßte Erdnusscreme. Das fertige Dressing sollte leicht dicklich sein.

1 Den Fisch mit Salz, Pfeffer und Knoblauch würzen. In einer Pfanne das Öl erhitzen und das Filet bei mittlerer Hitze auf beiden Seiten anbraten, bis es gerade gar, außen aber schön knusprig ist. Abkühlen lassen und schräg in mundgerechte Stücke schneiden.

2 Die Salatblätter zerpflücken, waschen und abtropfen lassen.

3 Für das Sesamdressing die Zutaten in der angegebenen Reihenfolge miteinander vermischen, zuletzt die Sesamsamen dazugeben.

4 Die Salatblätter auf einem Servierteller anrichten, den Fisch darauf verteilen und mit dem Dressing beträufeln. Mit den Frühlingszwiebeln oder dem Schnittlauch und dem Pfeffer garnieren.

Gedämpfte Venusmuscheln mit Ponzu-Sojasauce

Ich nehme an, dieses Rezept ist Japans Antwort auf die berühmten französischen Muscheln in Weißweinsauce. Dampfend heiße Venusmuscheln in ihrer Schale sind immer etwas Besonderes, und zusammen mit dem Zitrusaroma der Ponzu-Sojasauce wird ein unvergessliches kulinarisches Erlebnis daraus.

(Für 4 Personen)
400–500 g kleine Venusmuscheln in ihren Schalen
  (vorzugsweise japanische Asari)
150 ml Ponzu-Sojasauce (Seite 80)
Shiso-Blätter (Seite 159), ersatzweise frische Minze-
  und Basilikumblätter oder Zitronenmelisse,
  grob gehackt, zum Garnieren
geröstete weiße Sesamsamen (nach Geschmack)

1 Die Muscheln über Nacht in stark gesalzenem Wasser einlegen. Dabei öffnen sich die Schalen leicht, und Sie können Barthaare und Sand entfernen. Die Muscheln gründlich waschen, die Schalen abschrubben. Gut abtropfen lassen. Nicht geöffnete Muscheln wegwerfen.

2 Einen Wok erhitzen und die Muscheln sowie die Ponzu-Sojasauce hineingeben. Einen Deckel auflegen und die Muscheln bei mittlerer Hitze dämpfen, bis sie sich richtig geöffnet haben. Zusammen mit der Sauce in eine Servierschüssel füllen und Kräuter und Sesamsamen darüberstreuen. Heiß servieren.

Eier in Sojasauce
Shoyu Tamago no Zensai

Ich mag Appetithäppchen besonders gern, und es macht mir Freude, dabei unterschiedliche Geschmacksnoten und Farben zu kombinieren. Ein ebenso großes Vergnügen ist für mich die Suche nach dem passenden Geschirr. Die Zubereitung dieser Eier ist überhaupt nicht schwer, mit ihren verschiedenen Toppings sehen sie aber einfach prächtig aus. Mit Eiern koche ich ohnehin gern, aber dies ist eines meiner Lieblingsrezepte.

(Für 4 Personen)
6–8 hart gekochte Eier
1 EL Reisessig (Seite 159)
2 EL Sojasauce
1 TL extrafeiner Zucker

Toppings:
Lachsrogen
Frischkäse
Oliven
Kresse
kleine Gewürzgurken

1 Die Eier schälen. Den Essig, die Sojasauce und den Zucker miteinander verrühren, bis der Zucker sich aufgelöst hat. Die Eier mit der Marinade in einen entsprechend großen Frischhaltebeutel füllen und 2–3 Stunden marinieren lassen. Dabei die Eier hin und wieder bewegen, damit sie gleichmäßig Farbe annehmen.
2 Die Eier aus dem Beutel nehmen und längs halbieren. Die Hälften auf einem Servierteller anrichten und die Eigelbe jeweils mit 1 TL eines der vorgeschlagenen Toppings – oder nach Belieben – garnieren. Als Fingerfood servieren oder mit Salat als Vorspeise reichen.

Teigtaschen auf chinesische Art
Gyoza

Diese kleinen Teigtaschen werden häufig zusammen mit einer chinesischen Nudelsuppe (Ramen, Seite 46) serviert, aber sie eignen sich auch für ein Party-Büfett oder als Beilage zu Grillgerichten. Es gibt viele verschiedene Rezepte; dieses hier ist eines der einfachsten.

(Für 4 Personen; ergibt 3 Teigtaschen pro Person)
200 g rohe Garnelen
100 g Hackfleisch vom Schwein
1 EL Sake (Seite 159)
½ TL Salz
1 Prise Zucker und frisch gemahlener Pfeffer
1 TL fein gehackter Ingwer
2 EL Hühnerbrühe
1 TL Kartoffel- oder Speisestärke
3 EL fein gehackter Nira (Seite 159)
2 EL Sesamöl (Seite 159)
12 runde Gyoza-Teigblätter (aus dem Asia-Laden)
1½ EL Sonnenblumen- oder Pflanzenöl
50 ml heißes Wasser

Für die Dipsauce:
Reisessig (Seite 159) und Sojasauce mit ein paar
  Tropfen La Yu (Seite 158)

Anmerkung:
In guten Asia-Läden erhalten Sie meist alle Zutaten für dieses Rezept. Wenn Nira nicht vorrätig ist, nehmen Sie alternativ 1 fein gehackte Frühlingszwiebel und 1 große, ebenfalls fein gehackte Knoblauchzehe. Beachten Sie bitte, dass in diesem Rezept keine rechteckigen, sondern runde Teigblätter verwendet werden.

1 Zunächst die Garnelen mit Hilfe eines Zahnstochers vom Darm befreien. Die Hälfte des Garnelenfleisches mit einem Messer fein hacken, den Rest in 1 x 1 cm große Quadrate schneiden.

2 Die Garnelen und das Hackfleisch in einer großen Schüssel gut vermischen. Sake, Salz, Zucker, Pfeffer, Ingwer und die Brühe daruntermischen. Dann die Stärke portionsweise einarbeiten, bis eine ziemlich feste Paste entstanden ist.

3 Den Nira und die Hälfte des Sesamöls hinzufügen – dieses verleiht der Mischung ein nussiges Aroma.

4 Die Füllung in 12 Portionen teilen und jede Portion zu einer kurzen Rolle formen. Je eine Rolle in die Mitte eines Teigblatts setzen und die Teighälften übereinander klappen.

5 Eine große Pfanne aufheizen und das Öl hineingießen. Die Teigtaschen in Reihen darin anordnen und bei mittlerer Hitze braten, bis die Unterseite knusprig und goldbraun ist.

6 Wenden und kurz weiterbraten, dann das heiße Wasser dazugießen und sofort einen Deckel auflegen, damit kein Dampf verloren geht. Etwa 5 Minuten dämpfen, bis die Gyoza gar sind.

7 Wenn kaum mehr Flüssigkeit in der Pfanne ist, den Deckel abnehmen und das restliche Sesamöl darüberträufeln; weiterbraten, bis die Teigtaschen wieder knusprig sind. Wenn sie anhaften, versuchen Sie, den Boden der Pfanne auf der Unterseite mit einem feuchten Tuch abzuwischen – danach sollten die Teigtaschen sich wieder ablösen lassen. Sofort servieren und dazu die Dipsauce aus Essig, Sojasauce und Chiliöl reichen – köstlich!

Thunfisch-Tatar

Auf die Idee für dieses Rezept kam ich in einem Restaurant in New York. Hier ergänzen sich japanischer Geschmack und westliches Dekor wunderbar.

(Für 4 Personen)
1 EL Dashi (Seite 27) oder Fischfond
1 EL helle Sojasauce
1 EL Olivenöl
½ EL Reisessig (Seite 159), ersatzweise Zitronensaft oder Weinessig
ein wenig Senf
200 g frischer Thunfisch in Sashimi-Qualität
4 Shiso-Blätter (Seite 159), ersatzweise frische
   Minze- und Basilikumblätter
1 EL gehackte Frühlingszwiebeln oder
   Schnittlauch
1 EL fein gehackte Zwiebeln
ein wenig fein gehackter Knoblauch
Wasabi (nach Geschmack)
geriebener Ingwer (nach Geschmack)
ein wenig grob gemahlener schwarzer Pfeffer

1 In einer Schüssel für das Dressing Dashi oder Fischfond, Soja-sauce, Olivenöl, Essig und Senf verrühren. Beiseite stellen.
2 Das Fischfilet fein hacken, die Shiso-Blätter zerpflücken.
3 Das gehackte Fischfleisch in drei Teile teilen. Ein Drittel mit den Shiso-Blättern vermischen, das zweite mit den Frühlingszwiebeln oder dem Schnittlauch und das letzte Drittel mit den Zwiebeln und dem Knoblauch.
4 Aus jedem Drittel vier Bällchen formen. Die Kräuterbällchen mit einem Klecks Wasabi bestreichen, auf die Bällchen mit Früh-lingszwiebeln etwas geriebenen Ingwer geben und die Zwiebel-Knoblauch-Bällchen mit dem Pfeffer bestreuen.
5 Auf vier Tellern je ein Fischbällchen der drei Geschmacksrich-tungen anrichten, vor dem Servieren das Dressing darüberträufeln.

Grüner Spargel mit Krabben-Mayonnaise

Spargel und Krabbenfleisch sind zwei sehr beliebte Zutaten in Japan. Wir verwenden hauptsächlich das weiße Fleisch der langbeinigen Alaska-Königskrabbe, aber Sie können auch jede andere Art verwenden. Ich mag Spargel am liebsten nur kurz gegart, also noch ziemlich knackig. Sie werden feststellen, dass er so viel aromatischer schmeckt als weich gekocht.

(Für 4 Personen)
500 g frischer grüner Spargel
150 g weißes Krabbenfleisch
1 EL Weißwein
100 g Mayonnaise
Salz und frisch gemahlener Pfeffer

1 Das untere Drittel der Spargelstangen putzen, dabei die holzigen Enden abschneiden. Den Spargel kochen, bis er eben gar ist (je nach Dicke der Stangen etwa 3–5 Minuten). Achten Sie darauf, dass er nicht zu lange kocht. Die Stangen in einer Schüssel mit Eiswasser abkühlen lassen.

2 Das Krabbenfleisch in einer Schüssel grob zerpflücken. Mit dem Weißwein besprenkeln und die Mayonnaise einmischen. Salzen und pfeffern. Wenn das Dressing zu dick wird, verdünnen Sie es mit ein wenig Milch – es sollte schön weich und flüssig sein.

3 Den Spargel abtropfen lassen und trockentupfen. Die Spargelstangen gegebenenfalls ein wenig kürzen, damit sie genau auf die Teller passen, auf denen Sie sie servieren wollen. Die abgeschnittenen Spargelstücke können Sie fein hacken und unter das Dressing mischen. Den Spargel auf vier Tellern anrichten und die Krabben-Mayonnaise darübergießen.

Suppen & Nudeln

Wir lieben Suppen! Eine japanische Mahlzeit ohne Suppe ist kaum vorstellbar. Anders als im Westen werden Suppen aber zusammen mit den anderen Speisen serviert und gegessen. Wenn man die Suppe vor dem Hauptgericht isst, finde ich, ist man zu satt, um den Rest der Mahlzeit noch richtig genießen zu können.

Ganz typisch für Japan ist die Misosuppe (Misoshiro). Traditionell aß man sie zu jeder Mahlzeit, besonders aber zum Frühstück. Heutzutage frühstückt man kaum noch auf traditionelle Weise, beim Mittag- oder Abendessen steht Misosuppe aber nach wie vor oft auf dem Tisch.

Misosuppe ist auch ein exzellentes Beispiel dafür, wie sich japanisches Essen den Jahreszeiten anpasst. Das Grundrezept bleibt immer gleich, das Gemüse in der Suppe aber ändert sich mit der Jahreszeit – zum Beispiel reichert man sie mit Bambussprossen im Frühling, Auberginen im Sommer, Pilzen im Herbst und Süßkartoffeln im Winter an. Nach dem Zweiten Weltkrieg kam mit dem amerikanischen Einfluss auch der Trend zu dickeren Suppen. Ich glaube, Japan ist heute eines der wenigen Länder außerhalb der USA, wo man problemlos Maiscremesuppe bekommt. In letzter Zeit haben würzige asiatische Suppen mit leicht säuerlichem Geschmack mehr und mehr Anhänger gefunden – vor allem unter den jungen Leuten. Meine Tochter etwa mag die pikanten Aromen Südostasiens ausgesprochen gern.

Es gibt eine ganze Reihe von typisch japanischen Nudelsorten – Soba, Somen und Udon sind einige davon. Wir essen sie heiß oder kalt und schlürfen dabei meist genießerisch. Wir mögen aber auch Nudeln aus anderen Teilen der Welt, vor allem italienische Pasta. Dank der Erfahrung mit unseren eigenen Nudeln fällt es uns nicht schwer, Pasta »al dente« zu kochen. In keinem der vielen italienischen Restaurants in Japan werden Ihnen zu Matsch gekochte Spaghetti vorgesetzt! Allerdings werden in diesen Restaurants eine ganze Reihe von Gerichten dem japanischen Geschmack angepasst und durch Zutaten wie Shiitake-Pilze und Nori-Seetang ergänzt, die man in Italien nicht kennt.

Misosuppe mit Meeresfrüchten

Überaus beliebt sind in Japan Venusmuscheln, vor allem die kleinen Asari-Muscheln. Ich finde, dass sie großartig zu dieser einfachen Misosuppe passen. Noch mehr Aroma und Geschmack bekommt die Suppe durch bestimmte Kräuter: im Frühling etwa durch frische Kinome, im Sommer durch Ingwer und im Herbst durch Yuzu (Seite 159). Es ist nicht einfach, Kinome-Blätter außerhalb Japans zu bekommen. Wenn Sie darauf stoßen, greifen Sie zu! Ihr Geschmack ist ein Grund dafür, weshalb ich mich freue, in Japan geboren zu sein. Alternativ können Sie Schnittlauch, Frühlingszwiebeln, glatte Petersilie, Koriandergrün oder Brunnenkresse versuchen.

In diesem Rezept schlage ich als Garnitur rohe Garnelenköpfe vor – sie sehen herrlich aus und geben der Suppe zusätzlich Aroma. Die Garnelenschwänze können Sie für eines der vielen Garnelen-Rezepte in diesem Buch verwenden, etwa für die kleinen Teigtaschen auf chinesische Art (Gyoza, Seite 36).

(Für 4 Personen)
300 g kleine Venusmuscheln in der Schale (vorzugsweise japanische Asari)
einige Blätter Wakame-Seetang (siehe Anmerkung)
150–200 g Pak Choi (Seite 159)
Kräuter, z. B. Kinome (Seite 158; nach Geschmack)
800 ml Wasser
1 Hühnerbrühwürfel oder 2 TL Instant-Hühnerbrühe
4 rohe Garnelenköpfe
2 EL Miso (Seite 158)

Anmerkung:
Wakame-Seetang ist sehr gesund und – zumindest getrocknet – in jedem gut sortierten Asia-Laden zu bekommen. Ersatzweise nehmen Sie ein wenig frischen Blattspinat.

1 Die Muscheln waschen und über Nacht in stark gesalzenem Wasser einlegen. Bevor Sie das Kochen beginnen, die Muscheln abspülen und eine Zeit lang in ungesalzenes Wasser legen.

2 Den Wakame-Seetang einige Minuten in Wasser einweichen, abtropfen lassen, ausdrücken und in mundgerechte Stücke schneiden. Den Pak Choi putzen und in 2 cm breite Stücke schneiden. Die Kräuter grob hacken.

3 Das Wasser in einem Topf zum Kochen bringen und den Brühwürfel darin auflösen. Muscheln und Garnelenköpfe hineingeben.

4 Sobald sich die Muscheln nach wenigen Minuten geöffnet haben, Miso, Wakame und Pak Choi hinzugeben. Kurz aufkochen lassen und vom Herd nehmen, sobald sich das Miso aufgelöst hat.

5 Die Suppe auf vier Suppenschalen verteilen und jede Portion mit einem Garnelenkopf garnieren. Mit den Kräutern bestreuen.

Nudelsuppe mit Spinat

Horenso to Harusame Soup

Die dünnen japanischen Harusame-Nudeln eignen sich besonders gut für Suppen. Als Ersatz bieten sich andere dünne Glasnudeln, etwa Reisnudeln, an. Damit die Transparenz der Nudeln zur Geltung kommt, bereite ich diese Suppe so klar wie möglich zu und vermeide Zutaten, die die Suppe verfärben. Verwenden Sie deshalb auch möglichst weißen Pfeffer und helle Sojasauce.

(Für 4 Personen)
30 g Harusame-Nudeln oder dünne Reisnudeln
300 g frischer Blattspinat
800 ml Wasser
1 ½ Hühnerbrühwürfel oder 1 EL Instant-Hühnerbrühe
1 EL Sake (Seite 159)
Salz und frisch gemahlener weißer Pfeffer (nach Geschmack)
helle Sojasauce (nach Geschmack)
1 EL Sesamöl (Seite 159)
Chiliöl, z. B. La Yu (siehe Anmerkung; nach Geschmack)

Anmerkung:
La Yu ist das sehr pikante, aromatische Chiliöl aus China, das wir gern verwenden. Ein paar Tropfen davon in dieser Suppe wirken Wunder.

1 Die Nudeln in einem großen Topf bissfest garen. Abgießen und etwas zerkleinern, damit sie leichter zu essen sind.

2 Den Spinat kurz andünsten und sofort in kaltes Wasser geben – so behält er seine Farbe. Gut abtropfen lassen und grob in 2 cm lange Streifen schneiden.

3 Die 800 ml Wasser zum Kochen bringen, Brühe und Sake hinzufügen, dann die Nudeln und den Spinat. Mit Salz, Pfeffer und Sojasauce würzen. Zuletzt das Sesamöl dazugeben – es verleiht der Suppe ein herrliches Aroma.

4 Chiliöl in die Suppe träufeln und servieren.

Suppe mit gestocktem Ei
Kaki Tamago Jiru

Diese Suppe sieht mit ihren feinen gelben Eierfäden und den grünen Kräutern besonders schön aus. Sie sollte sehr heiß serviert und gegessen werden.

(Für 4 Personen)
750 ml Dashi (siehe Anmerkung und Seite 27) oder Fischfond
1 EL helle Sojasauce
½ EL Sojasauce
1 EL Mirin (Seite 158)
Salz
1 TL Kartoffel- oder Speisestärke, aufgelöst in 2 TL Wasser
2 Eier
frische Kräuter (z.B. Mitsuba), Frühlingszwiebeln oder kurz gegarte grüne Bohnen, gehackt (nach Geschmack)

Anmerkung:
Diese Suppe ist ihrer Art nach eine Consommé, deshalb lohnt es sich, die Dashi-Brühe selbst zuzubereiten – vielleicht aus Resten. Fertiger Fischfond besitzt nicht denselben delikaten Geschmack und kann darüber hinaus sehr salzig schmecken, was Sie gegebenenfalls beim Würzen berücksichtigen müssen.

1 Dashi oder Fischfond aufkochen lassen und die beiden Sojasaucen sowie das Mirin hinzufügen; anschließend mit der aufgelösten Stärke die Suppe behutsam andicken.

2 In einer Schüssel die Eier leicht verquirlen, dann zur heißen Suppe geben. Ein paar Minuten köcheln lassen, die Eier sollen aber nicht zerkocht werden. Suppe in Portionsschalen geben, salzen, mit den Kräutern oder Bohnen garnieren und servieren.

Nudelsuppe auf chinesische Art
Ramen

Ramen ist ursprünglich ein chinesisches Gericht, das wir übernommen und an den japanischen Geschmack angepasst haben. Grundlage sind Brühe und Nudeln, dann kann man eine Vielzahl von Einlagen hinzufügen. Man bekommt Ramen in Japan buchstäblich an jeder Ecke, nicht selten in einfachen Garküchen am Straßenrand. Die Suppe gehört zu den Lieblingsgerichten von Büroangestellten und Studenten, denn sie steht im Nu auf dem Tisch, ist preiswert und sättigend. Sind die festen Bestandteile aufgegessen, darf man die Brühe ohne Scheu aus der Schale trinken. Und selbst Schlürfgeräusche beim Essen der Nudeln haben in Japan nichts mit schlechten Tischsitten zu tun.

(Für 4 Personen)
2 l Wasser
6 Hühnerbrühwürfel oder 4 EL Instant-Hühner-
    brühe
100 ml Fleischbrühe vom Schwein (Seite 47)
4 EL Sojasauce
Salz (nach Geschmack)
600 g dünne chinesische Eiernudeln
Menma-Bambussprossen (siehe Anmerkung;
    nach Geschmack)
gekochtes Schweinefleisch, in Scheiben geschnitten,
    und hart gekochte Eier (Seite 47; nach Belieben)
gehackte Frühlingszwiebeln (nach Geschmack)
grob gemahlener schwarzer Pfeffer

Anmerkung:
Es lohnt sich, für Ramen die Brühe selbst zuzubereiten. Das langsam gegarte Schweinefleisch verleiht ihr ein unvergleichliches Aroma. Vielleicht kennen Sie den japanischen Spielfilm »Tampopo«, in dem es u. a. um die Suche nach der perfekten Brühe geht. Er gewährt großartige Einblicke in die Kunst der Ramen-Zubereitung – unbedingt sehenswert! Menma sind eingelegte Bambussprossen, die aus der chinesischen Küche bekannt sind.

1 Für die Suppe in einem großen Topf das Wasser zum Kochen bringen, die Hühner- und Schweinefleischbrühe, die Sojasauce und Salz hinzufügen. Erneut aufkochen lassen, anschließend auf kleinster Hitze weiterköcheln lassen.

2 Für die Nudeln in einem zweiten Topf ausreichend Wasser zum Kochen bringen und die Nudeln darin bissfest garen. Abgießen.

3 Die Nudeln auf vier große, angewärmte Suppenschüsseln verteilen und die Suppe einfüllen. Die Bambussprossen sowie nach Belieben Schweinefleischscheiben und je zwei Eihälften dazugeben und die Frühlingszwiebeln darüberstreuen. Mit Pfeffer würzen.

Anmerkung zum Anrichten:
In Japan ist Ramen eine komplette Mahlzeit und wird deshalb in der Regel in großen, tiefen Suppenschalen serviert. Pro Person rechnet man mit rund ½ Liter Flüssigkeit. Selbstverständlich können Sie aber auch kleinere Suppenschüsseln verwenden. Wir servieren gerne Gyoza-Teigtaschen dazu, ein weiteres Gericht aus China, das in Japan heimisch geworden ist (Seite 36).

Gekochtes Schweinefleisch

Das folgende Rezept ergibt nicht nur eine wunderbare Fleischbrühe, sondern auch eine herrliche Einlage für Ihr Ramen. Das Schweinefleisch und die Eier sollten während des Garens hin und wieder gewendet werden, damit sie einheitlich Farbe annehmen.

(Für 4 Personen)
etwas Sonnenblumen- oder Pflanzenöl
500 g Schweinelende
1 Frühlingszwiebel, nur der grüne Teil
3 cm frischer Ingwer, geschält und gerieben
100 ml Sojasauce
50 ml Sake (Seite 159)
1 EL extrafeiner Zucker
4 hart gekochte Eier, gepellt

1 Etwas Öl in einer Kasserolle erhitzen und das Fleisch darin bei mittlerer Hitze gleichmäßig anbraten.

2 Alles überschüssige Öl aus der Pfanne wischen (z. B. mit Küchenpapier – versuchen Sie, dieses mit Kochstäbchen zu halten). Frühlingszwiebeln, Ingwer, Sojasauce, Sake und Zucker dazugeben und so viel Wasser einfüllen, dass das Fleisch fast bedeckt ist. Sobald das Wasser kocht, auf mittlere Hitze herunterschalten. Den Schaum von der Oberfläche abschöpfen und alles 40 Minuten köcheln lassen. Gelegentlich das Fleisch wenden und weiteren Schaum abschöpfen.

3 Wenn die Flüssigkeit zur Hälfte eingekocht ist, die Eier zum Fleisch geben und von Zeit zu Zeit bewegen, damit sie gleichmäßig Farbe annehmen.

4 Sobald die Flüssigkeit auf etwa 100 ml eingekocht ist, den Topf vom Herd nehmen und abkühlen lassen. Anschließend das Fleisch in Scheiben schneiden, die Eier halbieren. Verwenden Sie die Brühe nun für Ihr Ramen, das Fleisch und die Eier dienen als Einlage.

Misosuppe mit Sesam und Tofu

Junge Japaner beginnen den Tag heute meist mit einem Frühstück im westlichen Stil. Meine Eltern dagegen bevorzugen ein traditionelles japanisches Frühstück, zu dem immer eine selbst gemachte Misosuppe gehört. Dieses Rezept ist eine leckere Variante mit Sesam. Misosuppe und Sesam passen ganz ausgezeichnet zusammen, und viel mehr brauchen Sie nicht für diese reichhaltige und köstliche Suppe. Ich verwende häufig fertige Sesampaste, meine Mutter jedoch stellt die Paste aus gerösteten Sesamsamen selbst her. Das Aroma der Suppe ist bemerkenswert – schon nach ein paar Schlucken ist alle morgendliche Schläfrigkeit verflogen und sie versorgt mich mit Kraft und Energie für den anstehenden Tag.

1 Wenn Sie keine fertige Sesampaste verwenden, müssen Sie zunächst die Sesamsamen in der Pfanne rösten. Sie dürfen nicht anbrennen, deshalb müssen Sie die Pfanne sofort vom Herd nehmen, wenn die Samen zu springen beginnen.

2 Die Sesamsamen im Mörser zu einer zähen Paste zerreiben. Es wird wundervoll duften, wenn der Sesam sein nussiges Aroma freisetzt.

3 Dashi oder Fischfond in einem Topf leicht erhitzen. Kurz bevor es aufkocht, das Miso hinzufügen und unter Rühren auflösen. Zum Köcheln bringen und langsam die Sesampaste einrühren, anschließend über dem Topf den Tofu mit den Händen in kleine Stücke brechen und zur Suppe geben.

4 Die Suppe sofort servieren, nach Geschmack mit ein paar gehackten Frühlingszwiebeln und gemahlenen Sesamsamen bestreut. Sie können aber auch – je nach Jahreszeit – gegartes Gemüse hinzufügen.

(Für 4 Personen)
100 g weiße Sesamsamen oder 4–5 EL Sesampaste (Seite 159)
800 ml Dashi (Seite 27) oder Fischfond
300 g Seidentofu (siehe Anmerkung sowie Seite 69 und Seite 159)
4 EL Miso (Seite 158)

Anmerkung:
Ich bevorzuge hier den weichen Seidentofu, Sie können aber genauso den festen Tofu verwenden. Die Methode, ihn mit der Hand in kleine Stücke zu brechen, haben wir einem buddhistisch-vegetarischen Kochstil aus China namens Hucha Ryori abgeschaut. In Japan kennen wir auch eine traditionelle Zubereitungsart von vegetarischen Speisen, die Shojin Ryori heißt und ebenfalls auf buddhistischen Prinzipien beruht.

Gebratene Nudeln mit Schweinefleisch und Pak Choi
Yakisoba

Dieses Rezept ist ideal, um Reste von chinesischen Nudeln zu verwerten. Statt Schweinefleisch können Sie auch Rindfleisch, Huhn oder jede Art von Hackfleisch verwenden, köstlich schmecken wird es so oder so. Sie müssen nur darauf achten, die Nudeln wirklich heiß zu servieren. Ansonsten kann man sich bei diesem Rezept auch einmal im Gebrauch von Kochstäbchen üben. Sie sind länger als Essstäbchen und in Japan ein unverzichtbares Küchenutensil. Ganz besonders hilfreich sind sie bei pfannengerührten Gerichten.

(Für 2 Personen)
15 g frischer Ingwer, geschält
150 g Pak Choi (Seite 159), geputzt
100 g Schweinefleisch
Salz und frisch gemahlener Pfeffer
300 ml heißes Wasser
1 TL chinesische Suppenpaste oder Instant-Hühnerbrühe und Instant-Rindfleischbrühe gemischt
1 EL Sojasauce
1 EL Shokoshu (Seite 159)
1 TL Austernsauce
2 EL Sonnenblumen- oder Pflanzenöl
150 g gekochte chinesische Nudeln
1 ½ EL Kartoffelstärke, aufgelöst in 1 ½ EL Wasser
1 EL Sesamöl
Reisessig und Senf (nach Geschmack)

1 Den Ingwer mit dem Messerrücken zerdrücken. Die Pak-Choi-Stiele in schmale, 5–6 cm lange Streifen schneiden und getrennt von den Blättern beiseite stellen. Das Fleisch salzen und pfeffern und in feine Streifen schneiden.

2 Für die Sauce das heiße Wasser in einer Schüssel mit der Suppenpaste oder den Instant-Brühen, Sojasauce, Shokoshu und Austernsauce vermischen.

3 In einem Wok 1 EL des Öls erhitzen. Die gekochten Nudeln auflockern, in den Wok geben und auf den Boden drücken. Wenn die Unterseite knusprig ist, die Nudeln wenden und die andere Seite knusprig braten. Die Nudeln auf eine Servierplatte geben und warm stellen.

4 Das restliche Öl in den Wok geben und den Ingwer darin braten. Sobald er zu duften beginnt, das Fleisch hinzufügen und auf den Boden drücken.

5 Die Pak-Choi-Stiele dazugeben, nach 1 Minute die Blätter, anschließend die schon zubereitete Sauce einrühren.

6 Alles zum Köcheln bringen, die aufgelöste Stärke unterrühren und eindicken lassen. Zuletzt das Sesamöl dazugeben – es verleiht dem Gericht ein besonderes Aroma.

7 Den Ingwer herausfischen und den Inhalt des Woks über die Nudeln geben. Mit Essig und Senf abschmecken.

Japanischer Nudelsalat

Als ich meinen Mann einmal fragte, welches meiner Rezepte er am liebsten möge, antwortete er wie aus der Pistole geschossen: »Deinen Nudelsalat!« Die Zutaten für dieses einfache Rezept haben Sie möglicherweise sogar vorrätig. Ich nehme japanische Somen-Nudeln, dünne Spaghetti eignen sich aber genauso. Der Salat ist sehr vielseitig, passt zu vielen Gerichten und ist auch ideal für die Lunchbox.

(Für 2–3 Personen)
100 g Somen-Nudeln oder dünne Spaghetti
90 g Thunfisch aus der Dose (alternativ auch Schinken)
1 kleine Zwiebel
100 g unbehandelte Salatgurke (siehe Anmerkung)
4 EL Mayonnaise
etwas Salz, frisch gemahlener Pfeffer und Sojasauce

Anmerkung:
In Japan sind Gurken klein und weniger wässrig als europäische Sorten. Versuchen Sie, eine kleine Gartengurke zu bekommen, andernfalls sollten Sie aus größeren Exemplaren den Samenstrang in der Mitte entfernen.

1 Reichlich Wasser in einem großen Topf zum Kochen bringen und die Nudeln darin bissfest garen. Unter fließend kaltem Wasser abseihen, damit die Nudeln nicht zusammenkleben, und gut abtropfen lassen.

2 Den Thunfisch abtropfen lassen. Die Zwiebel putzen, in dünne Halbmonde schneiden und 5–10 Minuten in Wasser einweichen, damit sie ihre Schärfe verliert. Abtropfen lassen und überschüssiges Wasser ausdrücken. Die ungeschälte Gurke in feine Scheiben schneiden und salzen. 5–10 Minuten ziehen lassen, anschließend das überschüssige Wasser ausdrücken.

3 Nudeln, Thunfisch, Zwiebel und Gurke mit der Mayonnaise in einer Schüssel vermischen und mit Salz, Pfeffer und Sojasauce abschmecken.

Spaghettini mit Fischrogen
Mentaiko Spaghettini

Dies ist eines der beliebtesten Nudelgerichte in Japan und ein wunderbares Beispiel dafür, wie ausländische Zutaten dem japanischen Geschmack angeglichen werden. Ich bin sicher, Sie werden begeistert sein!

(Für 2 Personen)
150 g Spaghettini
2 EL weiche Butter
80–100 g Mentaiko-Fischrogen (siehe Anmerkung und Seite 159)
Nori-Seetang (Seite 159; nach Geschmack)
Shiso-Blätter (Seite 159), ersatzweise frische Minze- und Basilikumblätter oder Zitronenmelisse (nach Geschmack)
Sojasauce, zum Würzen
gehackte Frühlingszwiebel oder Schnittlauchröllchen, zum Garnieren

Anmerkung:
Mentaiko ist schwer zu ersetzen. Für seinen besonderen Geschmack sorgen Salz und Chiliwürze.

1 Die Spaghettini in kochendem Salzwasser bissfest garen.

2 Die Butter cremig schlagen. Die dünne Haut des Mentaiko entfernen und den Rogen mit der Butter vermischen.

3 Nori und Shiso-Blätter in feine Streifen schneiden.

4 Die Nudeln abgießen und gut abtropfen lassen. Sofort mit der Mentaiko-Butter vermischen und mit Sojasauce abschmecken.

5 Die Nudeln auf einer Servierplatte anrichten, Nori und Kräuter darüberstreuen und mit den Frühlingszwiebeln oder dem Schnittlauch garnieren.

Reis

Ohne Reis kann ich nicht leben, und den meisten anderen Japanern geht es wahrscheinlich ebenso. Ich könnte auch dreimal am Tag Reis essen, mindestens einmal täglich muss es aber sein. Japanischer Reis ist rundkörnig und klebt, wenn er gekocht ist – so lässt er sich leichter mit Stäbchen essen. Den langkörnigen »trockenen« Reis verwenden wir nie. Und auch auf die Gefahr hin, ein bisschen nationalistisch zu klingen: Ich halte japanischen Reis für den besten der Welt.

Egal, woraus eine japanische Mahlzeit sonst noch besteht – eine Schale weißer Reis ist praktisch immer dabei. Darum lohnt es sich, verschiedene Sorten auszuprobieren und herauszufinden, welcher Reis einem am besten schmeckt. Ich probiere regelmäßig Reis aus verschiedenen Gegenden Japans, denn je nach Region ist er immer etwas anders in Geschmack und Konsistenz. Für jedes Gericht gibt es den richtigen Reis. Manche Leute bevorzugen weichen, fast wässrigen Reis, ich mag ihn eher fest. Ich finde auch, dass Reis am besten schmeckt, wenn er im Herbst geerntet wurde.

Idealerweise sollte Reis pur genossen werden: weiß, ohne Sauce oder dergleichen. Nur so können Sie das feine Aroma des Korns selbst schmecken. Wenn Sie dieses erst einmal kennen gelernt haben, werden auch Sie den Kopf über Leute schütteln, die sich literweise Sojasauce über ihren Reis schütten.

Bei uns zu Hause isst man wahrscheinlich doppelt so viel Reis wie in anderen traditionell eingestellten Haushalten – das liegt vor allem an unseren vielen Gästen. Viele Japaner verwenden heutzutage ihre elektrischen Reiskocher, um den Reis über Nacht zu kochen und warm zu halten, sodass er am Morgen schon fix und fertig bereitsteht. Für mich ist das nichts. Ich finde, dass Reis mit Respekt behandelt werden und für jede Mahlzeit frisch gekocht werden muss.

Tatsächlich ist das einer der Gründe, weshalb ich morgens so früh aufstehe: Ich koche Reis für das Frühstück und für die Lunchbox (Bento) eines jeden Familienmitglieds. Mein Sohn liebt die Onigiri genannten Reisbällchen, die man wie Sandwiches problemlos überallhin mitnehmen und mit allem Möglichen füllen kann. Manchmal bestreuen wir die Reisbällchen mit Sesam oder stecken eine sauer eingelegte Pflaume (Umeboshi) hinein – das sieht schön aus und schmeckt!

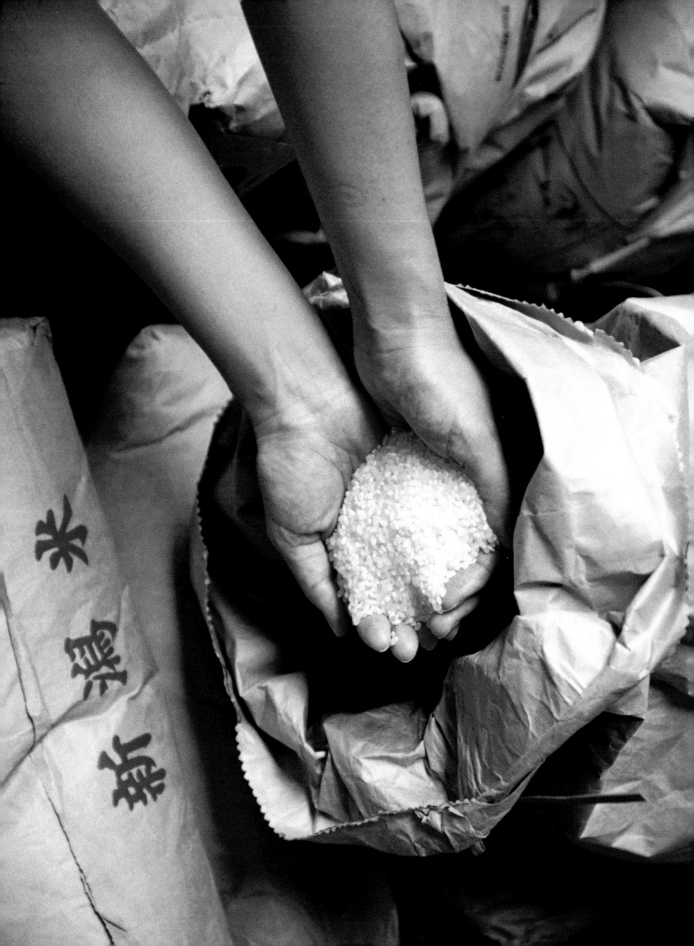

Reis waschen vor dem Kochen

Japanischer Reis wird vor dem Kochen traditionell ausgiebig gewaschen. Mittlerweile hat sich auf dem japanischen Markt vorgewaschener Reis (Musenmai) durchgesetzt, der im Ausland aber kaum erhältlich ist. Darum möchte ich hier erläutern, wie japanischer Reis gewaschen werden sollte.

Meine Mutter war in der Frage des Reiswaschens ziemlich pingelig, und viele Frauen ihrer Generation haben unterschiedliche Methoden ausprobiert. Meiner Meinung nach ist es am besten, den Reis in eine Schüssel mit Wasser zu geben, ihn mit den Händen durchzurühren und dann in ein Sieb abzugießen. Das Wasser wird sehr trüb ablaufen, und Sie müssen den Reis weiter waschen, bis das Wasser klar bleibt. Schaufeln Sie den Reis mit den Händen regelrecht durch das Wasser und pressen Sie ihn dann mit den Handflächen leicht nach unten. Das wiederholen Sie etwa 20-mal. Dazwischen müssen Sie ihn immer wieder abseihen und mit frischem Wasser weiterwaschen – so lange, bis das Wasser klar abläuft.

Alles in allem dauert das Waschen etwa 2–3 Minuten. Zuletzt den Reis abseihen und vor dem Kochen 30 Minuten ruhen lassen. In dieser Zeit quillt er sichtlich auf.

Viele japanische Haushalte verfügen heute über einen dieser ausgesprochen praktischen elektrischen Reiskocher. Wenn Sie auch einen haben, benutzen Sie ihn.

Reis in einem Topf kochen

Den gewaschenen Reis in einen Topf mit schwerem Boden geben. Etwas mehr kaltes Wasser als Reis dazugeben; kein Salz verwenden. Zum Kochen bringen. Sobald das Wasser kocht, einen dicht schließenden Deckel aufsetzen, die Hitze reduzieren und 15 Minuten köcheln lassen. Vom Herd nehmen und weitere 10 Minuten zugedeckt ruhen lassen. Während des Kochens niemals den Deckel öffnen! Am Ende den Deckel abnehmen und den Reis umrühren. Stechen Sie dazu mit einem breiten Holzlöffel durch den Reis und wenden Sie ihn von unten nach oben. Es geht darum, ihn ein wenig aufzulockern. Anders als beim Langkornreis müssen die Körner nicht voneinander getrennt werden. Auf diese Weise gekochter Reis sollte perfekt sein: klebrig, aber mit etwas Biss. Wenn Sie noch nie japanischen Reis gegessen haben, werden Sie von seiner Klebrigkeit überrascht sein. Aber machen Sie sich keine Sorgen, genauso muss er sein, sonst könnte man ihn auch nicht gut mit Stäbchen essen. Reste lassen sich übrigens gut einfrieren oder für die Lunchbox verwenden. Japanischer Reis schmeckt immer gut, auch kalt.

Wie viel Reis?

Wie in der Einleitung schon gesagt, esse ich persönlich sehr viel Reis. Allgemein würde ich empfehlen, etwa 450 g Reis mit 600–650 ml Wasser für 4 Personen zu kochen. Die geringe Menge Wasser mag erstaunen, aber während der Waschzeremonie nimmt der Reis schon sehr viel Wasser auf. Als Faustregel gilt, dass 150 g ungekochter Reis 300–350 g gekochten Reis ergeben. Was für Sie richtig ist, werden Sie mit ein bisschen Erfahrung schnell herausfinden.

Rindfleisch auf Reis
Gyudon

In diesem Kapitel gibt es eine Reihe von Rezepten, in denen die gegarten Zutaten einfach auf einer Portion Reis serviert werden. Gerade zur Mittagszeit kommt diese schnelle Art und Weise zu essen sehr gelegen. Hier werden würziges Rindfleisch und Zwiebeln als Belag verwendet, eine Kombination, in der sich süße und scharfe Geschmacksnoten verbinden. Sie können im Prinzip jede Art von Rindfleisch verwenden, da der Wein das Fleisch schön zart macht.

(Für 4 Personen)
500 g Zwiebeln
200 ml Weißwein
100 ml Wasser
500 g Rindfleisch, in dünne Scheiben geschnitten
150 ml Sojasauce
150 ml Mirin (Seite 158)
4 EL extrafeiner Zucker
600 g heißer gekochter Reis
Beni shoga (eingelegter roter Ingwer, siehe Ingwer, Seite 158; nach Geschmack)

1 Die Zwiebeln schälen, längs halbieren und in 1 cm breite Halbmonde schneiden.

2 Den Wein und das Wasser bei mäßiger Hitze zum Kochen bringen. Das Rindfleisch darin ein paar Minuten köcheln lassen, dabei den sich bildenden Schaum an der Oberfläche abschöpfen. Sojasauce, Mirin und Zucker hinzufügen und einen Deckel aus Alufolie (siehe Anmerkung zur Zubereitung) direkt auf das Kochgut setzen. Ein paar Minuten weiterköcheln lassen.

3 Die Folie entfernen, die Zwiebeln in den Topf füllen und so lange köcheln lassen, bis sie glasig und weich sind.

4 Den heißen Reis auf vier Schalen verteilen und darauf jeweils Rindfleisch und Zwiebeln zusammen mit etwas Flüssigkeit aus dem Topf schöpfen. Mit rotem Ingwer garnieren.

Anmerkung zur Zubereitung:
Bei diesem Gericht kommt in Japan ursprünglich ein Holzdeckel namens Otoshi buta zum Einsatz, den man direkt auf das Kochgut setzt. Diese Technik des Garens wird häufig angewandt, da weniger Kochflüssigkeit benötigt wird und die Speisen deshalb ein intensiveres Aroma annehmen. Heute wird aber auch in Japan anstelle dieses Spezialdeckels ein entsprechend großes, kreisrundes Stück Alufolie verwendet. Wichtig ist nur, dass auch dieser »Deckel« direkt auf dem Kochgut im Topf liegt.

Drei Arten gemischter Reis

Maze Gohan

Reis ist ein wundervoller und vielseitiger kulinarischer Begleiter. Ich bringe gern gekochten Reis mit einer Reihe unterschiedlicher Aromen zusammen. Die »Dressings« hier passen mit ihrem zarten Aroma sowohl zu heißem als auch kaltem Reis. Sie können als Belag auf eine Schale mit Reis gelegt oder mit dem Reis vermischt und zu Bällchen verarbeitet werden. Darüber hinaus lassen sie sich im Voraus zubereiten und zu vielen verschiedenen Speisen servieren. Jedes Rezept ist für 4–5 Portionen berechnet. Die Fotos zeigen alle drei Serviermöglichkeiten.

Für das Pilzdressing:
120 g frische Shiitake-Pilze
100 g Shimeji-Pilze (siehe Anmerkung)
100 g Maitake-Pilze (siehe Anmerkung)
3 EL Sojasauce
2 EL Mirin (Seite 158)
10 g getrocknete Fischflocken (nach Belieben)
2 EL weiße Sesamsamen

Anmerkung:
Sollten Sie diese japanischen Pilze nicht bekommen, können Sie auch andere frische Pilze Ihrer Wahl nehmen.

1 Von allen Pilzen die Stiele entfernen und die Hüte sauber abreiben. Größere Pilze in Stücke schneiden, kleine Pilze können auch ganz bleiben.

2 Sojasauce und Mirin in einem kleinen Topf zum Kochen bringen. Die Pilze hinzufügen und bei mäßiger Hitze so lange kochen lassen, bis die Flüssigkeit aufgesogen ist. Die Fischflocken dazugeben und untermischen. Zuletzt die Sesamsamen darüberstreuen.

Für das Lachsdressing:
240 g Lachs
2 El Sake (Seite 159)
2 TL Mirin (Seite 158)
1 TL Salz
helle Sojasauce

1 Den Lachs mit dem Sake beträufeln. Wenn Sie eine Mikrowelle haben, den Lachs darin (600 Watt) zugedeckt 2½ Minuten garen. Ansonsten garen Sie ihn mit etwas Sake in einem Topf. Sobald er eine andere Farbe annimmt, ist er gar. Abkühlen lassen.

2 Die Haut und die Gräten entfernen, den Fisch grob zerpflücken.

3 In einem Topf den Lachs mit dem Mirin und dem Salz bei mittlerer Hitze ein paar Minuten kochen lassen. Mit ein wenig heller Sojasauce würzen. Wenn Sie Reisbällchen zubereiten, setzen Sie ein bisschen Lachsrogen obendrauf – das sieht hübsch aus und schmeckt noch besser.

Für das würzige Muscheldressing:
150 g gegarte kleine Venusmuscheln aus der Dose
  (vorzugsweise japanische Asari)
15 g geschälter Ingwer
1 EL Sake (Seite 159)
1 EL extrafeiner Zucker
3 EL Sojasauce
2 EL Mirin (Seite 158)

1 Die Muscheln abtropfen lassen.

2 Den Ingwer in feine Streifen schneiden.

3 Die Muscheln und den Sake in einem kleinen Topf bei mäßiger Hitze ein paar Minuten kochen. Zucker, Sojasauce und Mirin hinzufügen, zuletzt die Ingwerstreifen. So lange kochen lassen, bis die gesamte Flüssigkeit aufgesogen ist.

Grüner Risotto auf japanische Art

Aona Zosui

Dieser einfache japanische Risotto eignet sich als Frühstück an einem kalten Morgen, schmeckt aber auch zwischendurch als kleiner Imbiss. Das japanische Frühstück beginnt häufig mit Reis und Eiern, was ich hier in Anlehnung an diese Tradition aufgenommen habe. Die grünen Blätter sorgen allerdings für ein etwas zeitgemäßeres Aussehen. Ich verwende zwei bis drei verschiedene Kräutersorten – je nachdem, was ich gerade im Kühlschrank habe.

(Für 4 Personen)
4 Eier
25 g japanische Seri-Petersilie, ersatzweise glatte
    Petersilie
100 g Shungiku (Blätter der Crysantheme),
    ersatzweise Rucola
50 g Mitsuba (Seite 158), ersatzweise Koriander-
    grün oder Petersilie
800 ml Dashi (Seite 27) oder Fischfond
1 EL helle Sojasauce
½ TL Salz
150 g gekochter Reis (vorzugsweise japanischer)
Sojasauce (nach Geschmack)

1 Zuerst die Eier garen – wie auf Seite 75 beschrieben.

2 Die Kräuter je 30 Sekunden in kochendem Wasser blanchieren, abtropfen lassen und in Eiswasser legen. Die Blätter ein wenig ausdrücken und in 1 cm lange Streifen schneiden. (Diese Art der Zubereitung gilt für alle grünen Blätter; wenn sie allerdings dicker als Petersilie sind, müssen Sie sie vielleicht etwas länger blanchieren.)

3 Dashi oder Fischfond, die helle Sojasauce und das Salz in einem Topf erhitzen. Wenn die Flüssigkeit aufkocht, den Reis hinzufügen und die Hitze reduzieren, sodass alles nur noch sanft köchelt. Regelmäßig umrühren. Sobald der Topfinhalt eindickt, vom Herd nehmen. Die Blätter erneut ausdrücken und unter den Reis mischen.

4 Den Risotto auf vier Suppenschalen verteilen und obendrauf jeweils ein Ei setzen. Nach Geschmack mit Sojasauce würzen.

Gebratener Reis mit Oktopus
Tako Chahan

Ein simples Pfannengericht wie dieses – oder die im vorigen Kapitel vorgestellten gebratenen Nudeln – erfreut sich in Japan vor allem unter Studenten großer Beliebtheit. Dem Erfindungsreichtum sind dabei keine Grenzen gesetzt – man verwertet, was man gerade vorrätig hat. Das Geheimnis ist, die Speisen gut zu würzen und dampfend heiß zu servieren.

(Für 4 Personen)
160 g gekochte Tintenfisch-Tentakel (siehe Anmerkung)
20 g getrocknete Shiitake-Pilze
½ kleine grüne Paprikaschote
6 Frühlingszwiebeln
1 Knoblauchzehe
2 EL Sonnenblumen- oder Pflanzenöl
600 g gekochter heißer Reis (vorzugsweise japanischer)
1 EL Austernsauce und ½ EL Sojasauce
Salz und Pfeffer (nach Geschmack)
1 Prise Instant-Hühnerbrühe
1 EL Sesamöl (Seite 159)

1 Den Tintenfisch in kleine Stücke schneiden. Die Pilze in Wasser einweichen, bis sie sich vollgesogen haben, anschließend leicht ausdrücken. Pilze, Paprikaschote und Frühlingszwiebeln grob, den Knoblauch fein hacken.

2 Das Öl in einer Pfanne bei mäßiger Temperatur erhitzen. Den Knoblauch darin etwa 1 Minute anschwitzen, bis er zu duften beginnt, dann den klein geschnittenen Tintenfisch hinzufügen und durchwärmen. Wieder herausnehmen, damit er nicht zäh wird.

3 Die Frühlingszwiebeln, den grünen Paprika und die Pilze in die Pfanne füllen und anbraten.

4 Den heißen Reis sorgfältig einrühren und mit der Austern- und Sojasauce, Salz, Pfeffer und der Instant-Brühe würzen.

5 Zuletzt den Tintenfisch zurück in die Pfanne geben, mit dem Sesamöl würzen und sofort servieren.

Anmerkung:
Wenn Sie fertig gekochten Oktopus nicht auftreiben können, müssen Sie ihn selbst zubereiten. Bitten Sie Ihren Fischhändler, den Körper von den Tentakeln abzulösen – nur sie werden gegessen. Die Tentakel nur ein wenig salzen, sonst werden sie gummiartig. Alles Klebrige gut abreiben, anschließend sorgfältig unter fließend kaltem Wasser waschen. Die Tentakel 2–3 Minuten kochen, abtropfen und abkühlen lassen, dann trockentupfen.

Gebratener Knoblauchreis
Ninniku Chahan

Dieser gebratene Reis duftet herrlich und ist schnell zubereitet. Ich serviere ihn häufig zu einem Steak, und wenn ich Zeit habe, richte ich ihn gern portionsweise an. Er wird in Förmchen gefüllt, die dann auf die einzelnen Teller gestürzt werden. Das geht ganz einfach, sieht aber wirklich eindrucksvoll aus.

(Für 4 Personen)
1–2 Knoblauchzehen
10 Shiso-Blätter (Seite 159), ersatzweise frische Minze-
    und Basilikumblätter oder Zitronenmelisse
2 EL Sonnenblumen- oder Pflanzenöl
450 g gekochter Reis (vorzugsweise japanischer)
1 TL Instant-Hühnerbrühe
Sojasauce (nach Geschmack)
getrocknete Fischflocken, falls vorrätig
frisch gemahlener schwarzer Pfeffer

1 Den Knoblauch fein hacken und die Kräuter grob hacken.
2 Das Öl in einem Wok erhitzen und den Knoblauch darin anschwitzen, bis er zu duften beginnt. Reis und Brühe dazugeben.
3 Die Sojasauce hineingießen, sodass sie an der Innenwand des Woks herunterläuft und unter den Reis rühren. Vom Herd nehmen, die Kräuter rasch untermischen und sofort servieren – entweder portionsweise angerichtet wie oben beschrieben oder auf einem großen Servierteller. Mit den Fischflocken und dem Pfeffer garnieren.

Gehackter Thunfisch auf Reis

Maguro no Tataki Don

Ich verwende Thunfisch so häufig, dass ich eigentlich immer einen Vorrat davon im Gefrierfach habe. In diesem Rezept verarbeite ich ihn auf zweierlei Weise: Die eine Hälfte wird fein, die andere grob gehackt. Wie Sie vielleicht schon bemerkt haben, lege ich großen Wert darauf, wie etwas geschnitten wird – wahrscheinlich eine sehr japanische Eigenheit. Je nach Schnitt verändern Zutaten ihre Konsistenz und lassen ein Gericht darüber hinaus ganz anders aussehen. Probieren Sie doch einmal aus, ob Sie Unterschiede feststellen.

(Für 4 Personen)

100–200 g roher Thunfisch in Sashimi-Qualität
  (siehe Anmerkung)
3 Frühlingszwiebeln oder Schalotten
25 g Myoga (Seite 158; nach Belieben)
10 Shiso-Blätter (Seite 159), ersatzweise frische Basili-
  kum- und Minzeblätter oder Zitronenmelisse
1–2 EL frisch geriebener Ingwer
Lachsrogen (nach Geschmack)
ein paar Streifen Daikon (Seite 158) oder milder
  weißer Rettich
550 g gekochter Reis (vorzugsweise japanischer)
4 frische Eigelb von Öko-Eiern (nach Belieben)
Sojasauce (nach Geschmack)

Anmerkung:
Für Sashimi werden viele verschiedene Stücke und Schnitte des rohen Thunfischs verwendet. Für dieses Rezept bevorzuge ich das mittelfette Fischfleisch namens Chutoro. Als hochwertigstes Fleisch gilt das fette Otoro, das förmlich im Munde zergeht.

1 Eine Hälfte des Thunfischs fein, die andere grob hacken.

2 Frühlingszwiebeln oder Schalotten, Myoga und Kräuter grob hacken.

3 In einer Schüssel Thunfisch, Gemüse, Kräuter, den Ingwer und die Lachsrogen behutsam miteinander vermischen.

4 Den Rettich in streichholzdünne Stifte schneiden. Den Reis auf vier Essschälchen verteilen und zuerst die Rettichstifte, dann die Thunfisch-Mischung daraufgeben. Ich serviere dieses Gericht gern noch mit rohen Eiern, die aber wirklich sehr frisch sein müssen: Drücken Sie jeweils in die Mitte des Reisbergs eine kleine Mulde und setzen Sie 1 Eigelb hinein. Nach Geschmack mit Sojasauce würzen.

Tofu

Viele Menschen außerhalb Asiens fragen sich wahrscheinlich, was um alle Welt wir mit Tofu machen. Für einen Europäer oder Amerikaner sind Geschmack und Konsistenz dieses Sojabohnenprodukts zunächst einmal völlig fremd. Aber ich bin sicher, wenn Sie die folgenden Rezepte ausprobieren, werden Sie Tofu als eine wunderbar vielseitige Zutat schätzen lernen.

Früher gab es in Japan Tofumacher, die – wie die Bäcker in Europa – jeden Morgen sehr früh aufstanden, um dieses wichtige Grundnahrungsmittel frisch herzustellen.

Von diesen alten Handwerkern sind heute nicht mehr viele übrig geblieben; Tofu wird meist im Supermarkt gekauft. Auch im Ausland ist es nicht mehr schwierig, Tofu zu besorgen – neben Asia-Läden haben ihn auch Bioläden im Angebot.

Im Prinzip unterscheidet man zwei Sorten: weichen Tofu, auch Seidentofu (Kinugoshidofu; Seite 159) genannt, und festen Tofu (Momengoshidofu). Sie fühlen sich im Mund ganz unterschiedlich an und schmecken zum Teil auch anders. Vielleicht sagt Ihnen also die eine Sorte mehr zu als die andere. Ich selbst verwende fast nur den weichen Seidentofu – außer zum Braten, denn der feste Tofu bewahrt besser seine Form.

Die meisten Japaner mögen Tofu und essen ihn mal in heißen Suppen oder winterlichen Eintöpfen, mal kalt mit verschiedenen Saucen.

Tofu ist einfach ein gesundes, preiswertes und vielseitiges Lebensmittel, und ich hoffe, dass Sie ihn schätzen lernen und bald ebenso häufig essen wie ich.

Tofu mit Pesto-Gorgonzola-Dressing

Dieses Rezept mutet auf den ersten Blick fast zu italienisch an für eine Zutat wie Tofu, aber die kräftigen Aromen von Basilikum und Gorgonzola harmonieren mit seinem milden Geschmack wirklich gut. Trotz der traditionellen japanischen Abneigung gegen Käse gibt es im modernen Japan immer mehr Menschen, die eine große Käseauswahl zu schätzen wissen – und selbst vor so würzigen Sorten wie Gorgonzola nicht zurückschrecken!

Für dieses Rezept sollten Sie den Tofu mit den Händen in Stücke brechen und nicht mit dem Messer schneiden, das Dressing bleibt so viel besser am Tofu haften. Und da fertiges Pesto meist zu dickflüssig für ein Tofu-Dressing ist, verdünne ich es hier mit ein wenig Brühe.

(Für 4 Personen)
300 g fester Tofu (Seite 69 und 159)
2 EL Pesto
1 EL Hühnerbrühe
1 Tomate
frische Basilikumblätter, zum Garnieren
reifer Gorgonzola (nach Geschmack)

1 Das Tofu-Wasser abgießen, den Tofu in Küchenpapier wickeln und die restliche Flüssigkeit davon aufsaugen lassen.
2 Das Pesto mit der Hühnerbrühe verrühren. Da die fertige Pestosauce recht flüssig sein sollte, müssen Sie je nach Konsistenz Ihres Pestos mehr oder weniger Brühe dazugeben.
3 Die Tomate in kleine Stücke hacken, das Basilikum zerzupfen.
4 Den Tofu in Stücke brechen und auf 4 Portionsschalen verteilen. Die einzelnen Stücke mit der Hälfte der Pestosauce beträufeln. Anschließend etwas Gorgonzola darüberbröckeln und mit den Tomatenstücken und dem Basilikum bestreuen. Zum Schluss mit der restlichen Pestosauce übergießen.

Gebratener Tofu mit Bohnensprossen und Pak Choi
Tofu to Moyashi no Chingensai Itame

Bohnensprossen esse ich leidenschaftlich gern, aber ich empfehle Ihnen, die Spitzen an beiden Enden der Sprossen zu kappen. Das kostet Zeit, aber der geschmackliche Unterschied ist es wert. Damit dieses Rezept gut gelingt, muss außerdem der Tofu wirklich trocken sein und dann in heißem Sesamöl gebraten werden.

(Für 4 Personen)
300 g fester Tofu (Seite 69 und 159)
250 g Sojasprossen
100 g Pak Choi (Seite 159)
1 EL Sesamöl (Seite 159)
1 EL Sonnenblumen- oder Pflanzenöl
2 TL Instant-Hühnerbrühe
Salz und frisch gemahlener Pfeffer
grob gemahlene weiße Sesamsamen (nach
   Geschmack)

1 Das Tofu-Wasser abgießen, den Tofu in Küchenpapier wickeln und 30 Minuten in einem Sieb vollständig abtropfen lassen.

2 Die Enden der Sprossen abschneiden und wegwerfen, die Sprossen waschen und gut abtropfen lassen.

3 Die weißen Stiele des Pak Choi längs in 3–4 cm lange Stücke, die grünen Blätter quer in 3–4 cm breite Stücke schneiden.

4 Das Sesamöl in einer Pfanne erhitzen. Den Tofu in Stücke brechen und ein paar Minuten im heißen Öl braten. Wenn es zu zischen beginnt, den Tofu herausnehmen und beiseite stellen.

5 Das Pflanzenöl in die Pfanne gießen und erhitzen. Zuerst den Pak Choi, anschließend die Sprossen hinzufügen. Den Tofu zurück in die Pfanne geben, mit dem Gemüse vermischen und mit der Instant-Brühe sowie Salz und Pfeffer würzen.

6 Den gebratenen Tofu zusammen mit dem Gemüse auf einem hübschen Servierteller anrichten und mit den Sesamsamen bestreuen.

Frittierter Tofu mit japanischem Dressing
Agedashi Dofu

Ein klassisches japanisches Gericht, köstlich zu jeder Jahreszeit. Wichtig ist nur, dass der Tofu schön knusprig wird und das Dressing das richtige Aroma hat.

(Für 4 Personen)
600 g Seidentofu (Seite 69 und 159)
Kartoffel- oder Speisestärke, zum Bestauben
Öl, zum Frittieren
200 ml Dashi (Seite 27) oder Fischfond
2 EL Mirin (Seite 158)
2 EL Sojasauce
extrafeiner Zucker
Salz
etwas geriebener Daikon (siehe Anmerkung und
    Seite 158) oder weißer Rettich
geriebener Ingwer (nach Geschmack)
Myoga (Seite 158), fein gehackt (nach Belieben)
Shiso-Blätter (Seite 159), ersatzweise frische Basili-
    kum- und Minzeblätter oder Zitronenmelisse, in
    dünne Streifen geschnitten
Frühlingszwiebeln oder Schnittlauch, fein gehackt

Anmerkung:
In der japanischen Küche ist Daikon ein häufig
verwendetes Gemüse; milder weißer Rettich ist ein
sehr guter Ersatz. Für dieses Gericht braucht man
zwar nicht viel davon, er steuert aber ein besonderes Aroma bei. Daikon wird oft, so wie hier, roh
und gerieben verwendet und begleitet vor allem
Grillgerichte und gebratene Speisen.

1 Das Tofu-Wasser abgießen, den Tofu in Küchenpapier wickeln und 30 Minuten in einem Sieb vollständig abtropfen lassen.
2 Den Tofu in 4 Stücke schneiden, mit Küchenpapier nochmals trockentupfen und mit der Stärke rundherum bestauben.
3 Ausreichend Öl zum Frittieren auf etwa 170 °C erhitzen. Den Tofu vorsichtig ins Öl gleiten lassen und frittieren, bis er goldgelb ist. Herausnehmen und auf Küchenpapier abtropfen lassen.
4 In einem kleinen Topf Dashi oder Fischfond, Mirin und Soja-sauce zusammen mit etwas Zucker und Salz erhitzen. Aufkochen lassen. Der Zucker muss sich vollständig auflösen.
5 Den Tofu auf 4 Suppenschalen verteilen und in jede etwas heiße Sauce einfüllen. Mit etwas geriebenem Daikon, Ingwer und Myoga sowie den verschiedenen gehackten Kräutern nach Geschmack garnieren.

Tofu mit Eiern »Onsen Tamago«

Onsen Tamago Nose Dofu

Die allerbeste Art, Tofu zu essen, ist für mich immer noch die allereinfachste: So können Sie den feinen, delikaten Geschmack des Tofus selbst am besten genießen. Mit würzigen Dressings und Belägen lässt sich dem Ganzen noch etwas Tiefe verleihen. Dieses Rezept ist die Einfachheit selbst und vermittelt gleichzeitig eine Ahnung davon, wie vielseitig und köstlich Tofu sein kann.

(Für 4 Personen)
600 g weicher Seidentofu (Seite 69 und 159)
1 EL getrocknete Fischflocken
50 ml Sojasauce
2 EL Mirin (Seite 158)
1 EL Sake (Seite 159)
4 weich gekochte Eier »Onsen Tamago« (siehe unten)
Frühlingszwiebeln oder Schnittlauch, gehackt (nach Geschmack)
geriebener frischer Ingwer (nach Geschmack)

Eier »Onsen Tamago« heißt soviel wie »Eier aus der heißen Quelle«. In Japan gibt es viele heiße Quellen vulkanischen Ursprungs, und man kocht oft Eier in ihrem kochend heißen Wasser. Dabei nehmen Sie einen schwefeligen Beigeschmack an, den wir Japaner mögen, der Ausländer aber eher abschreckt.

Rezept für weich gekochte Eier »Onsen Tamago«: Die Eier in eine Thermoskanne (oder ein anderes wärmeisoliertes Gefäß) mit großer Öffnung geben – sie sollten Zimmertemperatur haben, nicht aus dem Kühlschrank kommen. Mit kochend heißem Wasser bedecken und 10 Minuten stehen lassen. Das Eigelb ist dann noch flüssig, das Eiweiß aber fest. Ganz einfach!

1 Das Tofu-Wasser abgießen, den Tofu in Küchenpapier wickeln und die restliche Flüssigkeit davon aufsaugen lassen.

2 Für das Dressing die Fischflocken, Sojasauce, Mirin und Sake in eine geeignete Schüssel geben und in der Mikrowelle (600 W) 2 Minuten erhitzen. Oder Sie geben die Zutaten in einen Topf und lassen sie auf dem Herd heiß werden. Abkühlen lassen und abseihen. Statt der Fischflocken können Sie auch etwas konzentrierten Fischfond verwenden – ein leichtes Fischaroma sollte das Dressing auf jeden Fall bekommen.

3 Den Tofu in 4 Quader schneiden und jeden in eine Schale legen. Aus jedem Tofustück mit einem Löffel eine Vertiefung ausheben und ein geschältes weich gekochtes Ei hineinlegen.

4 Die ausgehobene Tofumenge neben den Tofuquader in die Schale legen. Frühlingszwiebeln oder Schnittlauch darüberstreuen und einen Klecks geriebenen Ingwer darauf setzen.

5 Das Dressing über den Tofu geben und servieren.

Tofu-Steaks

Tofu-Neulinge werden erstaunt darüber sein, dass Tofu so gut schmecken kann wie in diesem Rezept. Er wird ähnlich wie ein Steak gebraten – mit Salz, Pfeffer und Knoblauch gewürzt und ab in die Pfanne damit. Gebraten wird er so, dass die Außenseite knusprig und das Innere heiß ist. Essen Sie ihn mit Sojasauce und Wasabi und servieren Sie dazu eine große Gemüseauswahl.

(Für 4 Personen)
600 g Tofu (jede Sorte Tofu ist hier geeignet; ich
  ziehe Seidentofu – Seite 69 und 159 – vor)
½ rote Paprikaschote
½ gelbe Paprikaschote
1 kleine Zucchini
200 g frischer grüner Spargel
100 g frische Pilze, z. B. japanische Maitake
300 g Tomaten
2 Knoblauchzehen und zusätzlich etwas geriebener
  Knoblauch zum Würzen
4 EL Olivenöl
Salz und frisch gemahlener Pfeffer
Mehl, zum Bestauben
Sojasauce
Wasabi (Seite 159; nach Geschmack)

1 Das Tofu-Wasser abgießen, den Tofu in Küchenpapier wickeln und 30 Minuten in einem Sieb vollständig abtropfen lassen.

2 Die Paprikaschoten längs halbieren, die Samen entfernen und die Hälften längs in je 3 Streifen schneiden. Die Zucchini in 2–3 cm breite Scheiben schneiden. Das untere Drittel der Spargelstangen schälen und die holzigen Enden abschneiden. Die Pilze grob hacken. Die Tomaten halbieren. Die Knoblauchzehen schälen.

3 Die Hälfte des Olivenöls in einer Pfanne erhitzen und den Knoblauch hineingeben. Wenn er zu duften beginnt, den Rest des Gemüses hinzufügen und 5 Minuten braten. In eine Schüssel umfüllen und warm stellen.

4 Den Tofu in 4 Stücke schneiden und mit Salz, Pfeffer und geriebenem Knoblauch würzen. Leicht mit Mehl bestauben. Das restliche Öl in die Pfanne gießen und stark erhitzen. Den Tofu hineinsetzen. Wenn er auf der Unterseite knusprig ist, wenden Sie ihn, sodass er auf allen 4 Seiten knusprig gebraten wird. Aus der Pfanne nehmen.

5 Servieren Sie die Tofu-Steaks mit dem Gemüse und Sojasauce, in die nach Geschmack Wasabi gemischt wurde.

Tofu-Hackfleisch-Kebab
Tofu no Tsukune

Dieses Gericht bekommt durch die Verwendung von Koriander und thailändischer Fischsauce einen Hauch von Südostasien. Durch den Tofu in der Hackfleischmischung sind diese Kebabs etwas leichter und gesünder als reine Fleisch-Kebabs.

(Für 8 Kebabs)
300 g fester Tofu (Seite 69 und 159)
50 g grüne Bohnen
1 kleines Bund frische Minze
1 kleines Bund frisches Koriandergrün
200 g Hackfleisch vom Schwein
1 kleine Zwiebel, fein gehackt
2 EL Sonnenblumen- oder Pflanzenöl
Sanchu (siehe Anmerkung und Seite 159), Koriandergrün, süße Chilisauce und Zitronenspalten, zum Garnieren (nach Geschmack)

Für die Marinade:
2 TL thailändische Fischsauce
1 TL helle Sojasauce
1 TL Saft von frisch geriebenem Ingwer
Salz

1 Das Tofu-Wasser abgießen, den Tofu in Küchenpapier wickeln und 30 Minuten in einem Sieb vollständig abtropfen lassen.
2 Die grünen Bohnen putzen und kochen, bis sie gerade gar sind. Abgießen und in kaltes Wasser legen. Wenn sie abgekühlt sind, wieder abgießen und in 1 cm lange Stücke schneiden.
3 Minze und Koriandergrün grob hacken und vermischen.
4 Das Hackfleisch mit den Zutaten für die Marinade in einer Schüssel mit den Händen zu einer gut haftenden Masse verarbeiten.
5 Den Tofu in kleine Stücke zerbröckeln und zusammen mit den Bohnen, den Kräutern und der Zwiebel in die Hackfleischmischung geben. Wieder gut durchmischen – mit der Hand geht das am besten.
6 Die Masse in 8 gleiche Teile teilen und jeden zu einer länglichen Rolle formen. Das Öl in einer Pfanne erhitzen und die Tofu-Hackfleisch-Rollen braten, bis sie durchgegart und außen braun sind.
7 In jede Rolle nach Belieben einen Spieß stecken und die Kebabs auf einem Servierteller anrichten. Mit Sanchu, Koriandergrün, süßer Chilisauce und Zitronenspalten servieren. Sie können sie aber auch wie Hamburger servieren.

Anmerkung:
Sanchu ist eine Art Blattsalat, dessen Blätter aber nicht so knackig wie die von Eisberg- oder Romanasalat sind.

Tofu-Avocado-Dressing

Diese schöne blassgrüne Sauce passt zu einer ganzen Reihe von Gerichten hervorragend. Ich mag sie besonders zu frittiertem Hühnerfleisch oder zu gegrillten Garnelen oder Fisch. Die Kombination von Avocado und Tofu ergibt üppige Fülle und ein Gefühl im Mund, das unnachahmlich ist.

150 g Seidentofu (siehe Anmerkung und Seite 69
   und 159)
1 reife Avocado
etwas Zitronensaft
3 EL Hüttenkäse
1 ½ TL Instant-Hühnerbrühe
2 EL Mayonnaise
Salz und frisch gemahlener Pfeffer

Anmerkung:
Für dieses Rezept sollten Sie unbedingt Seidentofu verwenden. Mit festem Tofu ist es viel schwerer, die richtige Konsistenz zu erreichen.

1 Das Tofu-Wasser abgießen, den Tofu in Küchenpapier wickeln und 30 Minuten in einem Sieb vollständig abtropfen lassen.
2 Die Avocado schälen, den Kern entfernen und das Fruchtfleisch in eine Schüssel geben. Etwas Zitronensaft hineingießen und die Avocado zerdrücken. Den Tofu in mundgerechte Stücke schneiden oder brechen, zusammen mit dem Hüttenkäse zur Avocado geben und alles vermischen. Mit einem Schneebesen gut verrühren.
3 Zum Schluss die Instant-Hühnerbrühe, die Mayonnaise sowie Salz und Pfeffer dazugeben und sofort servieren.

Heißer Tofu mit Ponzu-Sojasauce

Tofu passt in jedes Eintopfgericht. Er nimmt den Geschmack der Brühe an und entwickelt sich einfach großartig – so etwa beim Shabu Shabu (Seite 120). In diesem Rezept hier wird der Tofu in einer kräftigen Brühe gekocht und dann in die Ponzu-Sojasauce gedippt. Besonders im Winter wärmt dieses Gericht Magen und Seele.

(Für 4 Personen)
800 ml Dashi (Seite 27) oder Fischfond
2 quadratische Stücke Kombu-Seetang (Seite 158)
   von etwa 10 x 10 cm
600 g Seidentofu (Seite 69 und 159)
200 g dünne Lauchstangen oder große Frühlingszwiebeln
100 g Pilze, z. B. Enoki
Frühlingszwiebeln oder Schnittlauch, gehackt,
   zum Garnieren
Shichimi togarashi (Seite 159)

Für die Ponzu-Sojasauce:
100 ml Yuzu- oder Kabosu-Saft (siehe Anmerkung
und Seite 159)
100 ml Mirin (Seite 158)
150 ml Sojasauce
50 ml helle Sojasauce
1 quadratisches Stück Kombu-Seetang, etwa
   10 x 10 cm, überschüssiges Salz abgewischt

Anmerkung:
Yuzu und Kabosu sind japanische Zitrusfrüchte;
Yuzu ähnelt der Limette und Kabosu der Zitrone,
daher können ersatzweise auch Limetten oder
Zitronen verwendet werden.

1 Dashi oder Fischfond in einen großen Topf gießen und den Kombu hineinlegen. 30 Minuten ruhen lassen.

2 Den Tofu in 6 Quader schneiden. Den Lauch schräg in 2 cm breite Stücke schneiden. Pilze vom Stielansatz befreien.

3 Den Topfinhalt bei mittlerer Hitze zum Kochen bringen. Die Hitze reduzieren, sodass die Brühe nur leicht köchelt, und den Tofu hineingeben. Wieder zum Kochen bringen und Lauch und Pilze hinzufügen. Bei geringer Hitze köcheln lassen, bis der Lauch weich ist. Mit der Ponzu-Sojasauce, gehackten Frühlingszwiebeln oder Schnittlauch und dem Shichimi togarashi servieren.

Ponzu-Sojasauce

1 Die Zitrusfrüchte auspressen, sodass Sie 100 ml Saft gewinnen. Alle Kerne entfernen.

2 Den Mirin mit dem Zitrussaft vermischen und erhitzen, z. B. in der Mikrowelle 3 Minuten (600 W). Abkühlen lassen.

3 Die beiden Sorten Sojasauce hinzufügen und gut vermischen.

4 Die Ponzu-Sojasauce mit einem Stück Kombu-Seetang in eine sterilisierte Flasche füllen. Sie hält sich im Kühlschrank bis zu 1 Monat.

Fisch & Meeresfrüchte

Ich bin in einem Dorf am Meer aufgewachsen, wo es immer frischen Fisch in Hülle und Fülle gab. Meine Mutter stand, wie die anderen Frauen im Dorf auch, mit dem Fischhändler auf du und du und kaufte ihren Fisch stets entsprechend der Jahreszeit. Heute bieten die Supermärkte in Japan das ganze Jahr über alle Arten von Fisch an. Wer saisonal auswählen kann, wird aber beim Fisch große Geschmacksunterschiede feststellen können.

Eine traditionelle japanische Mahlzeit besteht aus Misoshiru (Misosuppe), Reis, eingelegtem Gemüse und Fisch. Oft wird er im Ganzen gegrillt und einzeln auf rechteckigen Tellern serviert. Wir möchten gern die Form des Fisches sehen, und wir finden auch nichts dabei, die Augen und andere Teile zu essen, die man im Westen ungenießbar findet.

Fisch und Meeresfrüchte werden bei uns auf vielerlei Arten zubereitet. Bevor es die Möglichkeit der Kühlung gab, mussten wir eine Reihe von Methoden erfinden, den Fisch zu konservieren – mit Miso, Salz, Essig oder mittels Trocknung. Und so wie es in Portugal noch Bacalão (Klippfisch) gibt, auch wenn das Einsalzen und Trocknen zur Konservierung nicht mehr unbedingt notwendig ist, so behalten auch wir unsere Methoden bei – teils, weil wir den Geschmack schätzen gelernt haben, teils aus Nostalgie.

Vor allem aber lieben es die Japaner, Fisch und Meeresfrüchte roh zu essen – als Sashimi und Sushi. Der Fisch muss dann allerdings wirklich frisch sein. Wenn Sie einmal nach Japan kommen, dann sollten Sie durch die Fischabteilungen in den Supermärkten und Kaufhäusern streifen. Besser noch besuchen Sie den berühmten Tokioer Fischmarkt im Stadtteil Tsukiji. Er ist der größte der Welt, und Sie können dort eine unglaubliche Fülle an Fisch bewundern, darunter viele Arten, die man außerhalb Asiens nicht findet.

Lachs-Burger

Japaner sind sehr kreativ darin, Speisen, die eigentlich aus anderen Teilen der Welt stammen, zu übernehmen und ihrem eigenen Geschmack anzupassen. Die meisten meiner Landsleute mögen Fisch und viele auch Hamburger, also lag es nahe, ein Rezept zu erfinden, das beides verbindet. Hamburger aus Lachs haben eine ganz andere Konsistenz als solche aus Rindfleisch, die meiner Meinung nach oft zu trocken geraten. Meine Lachs-Burger sind wirklich saftig, und je nach Geschmack kann man sie mit verschiedenen Saucen servieren.

(Für 4 Personen)
300 g frischer Lachs
1 große Kartoffel, geschält
1 Zwiebel
1 EL Butter
100 g Schweinefleisch, gehackt oder fein
  geschnetzelt
1 Ei, aufgeschlagen und verquirlt
Salz und frisch gemahlener Pfeffer
Sonnenblumen- oder Pflanzenöl, zum Braten

Für das Sojadressing:
3 EL Sojasauce
1 EL Zitronensaft
1 TL Chilipaste, z. B. To Ban Jan
extrafeiner Zucker (nach Geschmack)
1 kleine Hand voll frisch gehacktes Koriandergrün,
  zum Garnieren

Andere empfohlene Saucen:
Mayonnaise mit grob gemahlenem schwarzem
Pfeffer oder Pesto

1 Lachs von Haut und Gräten befreien, das Fleisch sehr fein hacken und bis zur weiteren Verwendung kühl stellen.

2 Die Kartoffel abspülen und quer halbieren. Zugedeckt in der Mikrowelle (600 W) in 2–3 Minuten garen; manche Kartoffeln brauchen etwas länger. Alternativ 10–15 Minuten in Wasser kochen, bis sie weich ist. Die Kartoffel zu Püree zerdrücken, aber keine Butter oder Milch dazugeben. Abkühlen lassen.

3 Die Zwiebel in Würfel schneiden. In der Butter leicht anschwitzen, aber nicht zu weich werden lassen. Abkühlen lassen.

4 Den Lachs und das Schweinefleisch in einer großen Schüssel vermischen. Die Zwiebel, die Kartoffel und das Ei dazugeben, mit Salz und Pfeffer abschmecken und alles gut miteinander vermengen.

5 Aus der Masse 12 kleine Hamburger formen. Das Öl in einer Pfanne erhitzen und die Lachs-Burger gleichmäßig von beiden Seiten darin braten.

6 Auf Tellern anrichten und nach Geschmack mit einer oder mehreren Saucen servieren.

Salat aus weißem Fisch-Carpaccio und Mozzarella

In diesem Salat spielen feine Geschmacks- und Farbnuancen wunderbar zusammen, und roher Fisch macht sich ausgezeichnet darin. In meinem Originalrezept verwende ich rohe Meerbrasse, die zuvor in Seetang eingewickelt wurde. Wenn Sie die Zeit haben, um dies auszuprobieren, finden Sie das Rezept unten auf der Seite. Fisch in Kombu einzupacken, ist eine verbreitete Methode, um ihn zu konservieren – so kann man ihn noch nach 1–2 Tagen roh essen. Zusätzlich bringt der Seetang aber auch besondere Geschmacksnoten ins Spiel. Für dieses Rezept ist jeder weiße Fisch in Sashimi-Qualität geeignet.

(Für 4 Personen)
2 rote Zwiebeln
300 g in Seetang mariniertes Meerbrassen-Sashimi
    (siehe unten) oder Sashimi von weißem Fisch
50 g Mozzarella
Salz und grob gemahlener schwarzer Pfeffer
Olivenöl
Zitronenviertel (zum Beträufeln)

1 Die Zwiebeln schälen, halbieren und in hauchdünne Halbmond-Scheiben schneiden. 5–10 Minuten in kaltes Wasser geben, um ihnen die Schärfe zu nehmen. Abgießen, trockentupfen und auf eine Servierplatte legen.

2 Den Fisch schräg mit einem sehr scharfen Messer in möglichst dünne Scheiben schneiden und auf den Zwiebeln anrichten.

3 Den Mozzarella darauflegen. Mit Salz und Pfeffer abschmecken, etwas Olivenöl und Zitronensaft darüberträufeln und mit den Zitronenvierteln servieren.

(Für 4 Personen)
300 g Meerbrasse (oder ein anderer weißer Fisch)
    in Sashimi-Qualität
1 TL Salz
2 Stücke Kombu-Seetang (Seite 158), groß genug,
    um den Fisch darin einzupacken

In Seetang marinierte Meerbrasse

1 Den Fisch auf beiden Seiten mit dem Salz einreiben und 1 Stunde ruhen lassen.

2 Das Salz abwaschen und den Fisch trockentupfen.

3 Den Kombu kurz waschen und überschüssiges Wasser wegschütten. Den Fisch zwischen die beiden Kombu-Stücke legen und in Frischhaltefolie wickeln. Für etwa 12 Stunden in den Kühlschrank geben. Das Aroma des Kombu verträgt sich sehr gut mit der Meerbrasse.

Kurz gebratener Kalmar auf japanische Art
Ika no Sauté

Tintenfische wie Kalmar und Oktopus erfreuen sich großer Beliebtheit in Japan. Dies ist eine sehr einfache, aber schmackhafte Art, Kalmar zuzubereiten.

(Für 4 Personen)
50 ml Sojasauce
50 ml Mirin (Seite 158)
1 TL extrafeiner Zucker
700 g frische Kalmare
Chilipulver oder Shichimi togarashi (siehe Anmerkung)

Anmerkung:
Shichimi togarashi ist eine häufig verwendete Mischung aus sieben Gewürzen, darunter Sansho-Pfeffer und schwarzer Sesam. Für das vorherrschende Aroma aber sorgt der Chili.

1 Sojasauce, Mirin und Zucker in einem kleinen Topf bei mäßiger Hitze zum Kochen bringen. Die Temperatur reduzieren und 2–3 Minuten köcheln lassen. Wenn die Sauce einzudicken beginnt, vom Herd nehmen und abkühlen lassen.

2 Von den Kalmaren die Tentakel abschneiden und die Innereien entfernen. Tentakel und Körper waschen.

3 Die Kalmare in der abgekühlten Sauce 30 Minuten marinieren.

4 Zum Braten der Kalmare ist eine Grill- oder normale Bratpfanne, aber auch ein Grill geeignet. Achten Sie jedoch unbedingt darauf, dass weder Körper noch Tentakel zu lange garen; wenn sie die Farbe wechseln, nach ca. 3–4 Minuten, sind sie fertig.

5 Die gebratenen Körper in schmale Ringe schneiden und die Kalmare mit dem Chilipulver oder Shichimi togarashi sofort servieren.

Mit Salz gegrillte Makrele
Saba no Shio Yaki

Unter den verschiedenen Zubereitungsmethoden für Fisch, die die japanische Küche bereithält, gehören Teriyaki (mit der gleichnamigen Sauce) und Shio Yaki – Grillen mit Salz – zu den wichtigsten. Auch wenn wir eigentlich unseren Salzkonsum reduzieren sollten, in Japan lieben wir diese Zubereitungsart, die für fast jeden Fisch geeignet ist. Ich serviere dazu gern eine Spalte Sudachi, das ist eine japanische Zitrusfrucht. Da sie aber anderswo kaum zu bekommen ist, können Sie sie ohne Weiteres durch Limette oder Zitrone ersetzen. Und auch wenn in diesem Rezept der Fisch im Ofen gegart wird, können Sie ihn selbstverständlich genauso gut auf den Grill legen.

(Für 4 Personen)
600 g frische Makrelenfilets
Salz und frisch gemahlener Pfeffer
250 g Bohnensprossen
80 g Zuckerschoten
2 EL Sonnenblumen- oder Pflanzenöl
1 Knoblauchzehe, in dünne Scheiben geschnitten
2 TL Sojasauce

1 Die Makrelenfilets mit Salz und Pfeffer würzen und mit der Haut nach oben auf ein mit Backpapier ausgelegtes Blech legen.
2 Im auf 230 °C vorgeheizten Backofen 15–20 Minuten garen.
3 Von den Bohnensprossen jeweils beide Enden abschneiden, das verbessert den Geschmack. Die Zuckerschoten vom Faden befreien und die Schoten in kochend heißem Wasser blanchieren. Abgießen und für 5 Minuten in kaltes Wasser legen. Erneut abgießen, trockentupfen und schräg in feine Scheiben schneiden.
4 Wenn der Fisch fast gar ist, das Öl in einen Wok gießen und den Knoblauch darin dünsten. Wenn er zu duften beginnt, die Bohnensprossen und Zuckerschoten dazugeben und bei starker Hitze schnell garen. Mit etwas Sojasauce und Pfeffer würzen.
5 Das heiße Gemüse auf einer Servierplatte anrichten, die Makrelenfilets darauf drapieren und servieren.

Thunfisch-Carpaccio

Es ist fast unglaublich, für wie viele Gerichte man rohen Fisch verwenden kann. Ihn nur in der klassischen Weise als Sashimi mit Wasabi und Sojasauce zu essen, ist meiner Meinung nach zu wenig. Vielleicht kann ich Ihnen mit diesem Rezept eine Alternative bieten.

(Für 4 Personen)
10 Shiso-Blätter (Seite 159), ersatzweise frische
    Basilikum- und Minzeblätter oder Zitronenmelisse
180 g Daikon (siehe Anmerkung und Seite 158)
    oder milder weißer Rettich
100–120 g Thunfisch in Sashimi-Qualität
50 g Mayonnaise
1 EL Milch
1 TL helle Sojasauce
½ TL Senf
frisch gemahlener weißer Pfeffer
    (nach Geschmack)

Anmerkung:
Der lange weiße Daikon ist mit unserem Rettich verwandt, aber milder im Geschmack. Er kann jedoch problemlos durch europäische Sorten ersetzt werden. Falls Sie keinen Rettich bekommen, können Sie sich hier auch mit etwas klein geschnittenem rohem Weißkohl oder sogar Eisberg- oder Romanasalat behelfen.

1 Die Shiso-Blätter und den Rettich in schmale Streifen schneiden und zum Auffrischen 1 Minute in kaltes Wasser legen. Abtropfen lassen, leicht ausdrücken und in eine Schüssel geben.
2 Den Thunfisch schräg in feine Scheiben schneiden und diese auf dem Shiso-Rettich-Salat anrichten.
3 Mayonnaise, Milch, Sojasauce, Senf und weißen Pfeffer zu einem Dressing vermischen und über den Fisch und den Salat träufeln.

Oktopus-Tomaten-Salat mit Petersilie

Die Süße der Tomaten kombiniert mit dem leicht bitteren Geschmack der Petersilie ergänzen den Oktopus in diesem Rezept ganz hervorragend. Da er manchmal ein wenig hart sein kann, ist es wichtig, den Tintenfisch relativ klein zu schneiden. Kalmar können Sie übrigens genauso gut verwenden. Zu diesem Gericht ist Weißwein das ideale Getränk.

(Für 4 Personen)
200 g gekochte Tintenfisch-Tentakel
   (siehe Anmerkung und Seite 64)
450–600 g reife Tomaten
½ Bund glatte Petersilie
3 EL Olivenöl
2 EL Weißweinessig (siehe Anmerkung)
1 EL Balsamico-Essig (siehe Anmerkung)
1 TL helle Sojasauce
Salz und frisch gemahlener Pfeffer

Anmerkung:
Ich mische gern diese beiden Essigsorten: Weißweinessig ist ein bisschen zu sauer und Balsamico etwas zu süß, vermischt sind sie aber genau richtig. Eine Anleitung zum Kochen von Tintenfisch finden Sie auf Seite 64 unten.

1 Den Tintenfisch und die Tomaten jeweils in 1–2 cm x 1–2 cm große Würfel schneiden.

2 Die Petersilienblätter abzupfen und grob hacken, die Stängel werden nicht verwendet.

3 Das Olivenöl, die beiden Essige, die Sojasauce sowie Salz und Pfeffer in einer Schüssel miteinander vermischen. Oktopus und Tomaten hineinlegen.

4 Gründlich durchmischen und auf einer Servierplatte oder in einer Salatschüssel anrichten. Die gehackte Petersilie darüberstreuen.

Teriyaki-Lachs

Teriyaki-Sauce ist mittlerweile auf der ganzen Welt bekannt und fast überall als fertige Sauce in Supermärkten oder Feinkostgeschäften zu kaufen. Aber da sie so einfach zuzubereiten ist, lohnt es sich, sie selbst zu machen.

(Für 4 Personen)
350 g frischer Lachs
200 g dünne Lauchstangen, geputzt
200 g Eringi-Pilze (siehe Anmerkung)
200 g Maitake-Pilze (siehe Anmerkung)
4½ EL Sonnenblumen- oder Pflanzenöl
Limetten oder Zitronen (nach Geschmack)
Senf (nach Geschmack)

Für die Teriyaki-Sauce:
50 ml Sojasauce
1 EL Mirin (Seite 158)
1 TL extrafeiner Zucker

Anmerkung:
Die Eringi- oder Maitake-Pilze können durch andere Pilze Ihrer Wahl ersetzt werden – zum Lachs dürften die meisten Sorten passen.

1 Den Lachs in der Teriyaki-Sauce 1 Stunde marinieren. Den Backofen auf 230 °C vorheizen.

2 Die Lauchstangen in 4 cm lange Stücke schneiden. Die Pilze putzen und in mundgerechte Stücke schneiden.

3 Ein Backblech mit Backpapier auslegen und den Lachs darauflegen. Im vorgeheizten Ofen 15 Minuten garen, dabei den Fisch 2–3mal mit der Teriyaki-Sauce bestreichen.

4 In eine Pfanne ½ EL Öl geben und den Lauch hinzufügen. Bei recht starker Hitze braten, dabei die Lauchstücke in die Pfanne drücken, damit sie gleichmäßig garen. Nehmen Sie sie aus der Pfanne, wenn sie so weich sind, wie Sie es mögen.

5 Das restliche Öl in die Pfanne gießen und die Pilze darin braten. Wenn sie fertig sind, den Lachs, den Lauch und die Pilze auf einem Teller anrichten und mit Limetten- oder Zitronenhälften und etwas Senf servieren.

Makrele im »Tatsuta-Age«-Stil
Saba no Tatsuta Age

Die »Tatsuta Age« genannte Zubereitungsmethode ist für Huhn ebenso geeignet wie für Fisch. Diese Speisen lassen sich sehr einfach zubereiten, schmecken auch kalt noch ausgezeichnet und sind damit ideal für die Lunchbox. Der Fisch oder das Fleisch wird erst in einer Mischung aus Sake, Mirin und Sojasauce mariniert, dann in Kartoffelstärke gewälzt und schnell frittiert. Die Stücke werden außen schön knusprig, bleiben innen aber ganz saftig.

(Für 4 Personen)
450 g frisches Makrelenfilet
2 EL Sake (Seite 159)
2 EL Sojasauce
½ EL frisch geriebener Ingwer
1 EL Mirin (Seite 158)
Kartoffel- oder Speisestärke
Öl, zum Frittieren
einige Kinome-Blätter (Seite 158), ersatzweise in
    feine Scheiben geschnittene Frühlingszwiebel
Limetten oder Zitronen (nach Geschmack)

1 Eventuell noch verbliebene Gräten aus den Fischfilets ziehen und die Filets in mundgerechte Stücke schneiden. Sake, Sojasauce, Ingwer und Mirin vermischen und den Fisch darin 10 Minuten marinieren.

2 Kurz bevor Sie den Fisch – der Zimmertemperatur haben sollte – frittieren, die Makrelenstücke aus der Marinade nehmen und in reichlich Stärke wälzen. Sofort in etwa 170 °C heißem Öl frittieren, sodass der Fisch außen knusprig und goldgelb wird.

3 Sofort mit den Kinome-Blättern oder Frühlingszwiebeln sowie Limetten- oder Zitronenscheiben servieren.

Tempura mit Garnelen und Tintenfisch
Gochiso Kakiage

Diese Mischung aus Garnelen, Tintenfischen und Lauch im Teigmantel isst man am besten so heiß wie möglich. Wichtig ist, dass das Tempura richtig knusprig gerät. Damit das gelingt, müssen alle Zutaten vor dem Frittieren so kalt wie möglich sein – auch der Ausbackteig. Wie auf dem Foto zu sehen ist, ergibt das Rezept vier zusammengebackene knusprige Tempura-Portionen, die für sich, aber auch auf einer Schale mit dampfend heißem Reis serviert werden können. Die dazugehörige Tentsuyu-Sauce gießen Sie entweder direkt darüber oder stellen sie in einer separaten Schale zum Dippen bereit. Sie können Tempura aber auch jederzeit in kleine Schalen mit Salz und Pfeffer oder sogar Chilipulver dippen.

(Für 4 Personen)
150 g rohe kleine Garnelen
1 frischer Kalmar (100 g), Körper ohne Tentakel
200 g dünne Lauchstangen oder Frühlingszwiebeln
50 g Mitsuba (Seite 158), ersatzweise Koriandergrün oder Petersilie
½ EL Backpulver
100 g Mehl
½ verquirltes Ei
Öl zum Frittieren
2 EL geriebener Daikon (Seite 158) oder milder weißer Rettich
2 TL frisch geriebener Ingwer

Für die Tentsuyu-Tempura-Sauce:
100 ml Sojasauce
2 EL Zucker
50 ml Mirin (Seite 158)
200 ml Wasser
15 g getrocknete Fischflocken
Dashi (Seite 27) oder Fischfond, zum Verdünnen

Anmerkung:
Tentsuyu wird aus einer Basis-Sauce namens Mentsuyu hergestellt, die man mit Dashi verdünnt, damit sie nicht so süß ist und sich für Tempura eignet. Um Mentsuyu zuzubereiten, werden alle Zutaten außer dem Dashi vermischt und für 3 Minuten in der Mikrowelle (600 W) erhitzt. Wenn Sie keine Mikrowelle haben, auf dem Herd in einem Topf kurz erhitzen. Abkühlen lassen, abseihen und für Tentsuyu nach Geschmack mit Dashi oder Fischfond verdünnen.

1 Die Garnelen schälen, Schwanz und Darm entfernen und in jeweils 3–4 Teile schneiden. Vom Kalmar die Membran entfernen, die Oberfläche mit einem Messer mehrfach einschneiden und den Körper in etwa 3 cm breite Stücke schneiden.

2 Die Lauchstangen oder Frühlingszwiebeln in 1 cm dicke Scheiben schneiden. Das Mitsuba-Kraut oder die anderen Kräuter grob zerpflücken.

3 Backpulver und Mehl in einen sauberen Plastikbeutel geben und schütteln. Garnelen, Kalmarstücke, Lauch und Mitsuba für etwa 30 Minuten in den Kühlschrank stellen, damit sie möglichst kalt werden.

4 Die kalten Garnelen, Kalmarstücke, Lauch und Mitsuba mit 2 EL der Mehlmischung vermengen und zu einer großen Kugel formen. Das halbe verquirlte Ei mit kaltem Wasser zu einer Gesamtmenge von gut 125 ml auffüllen und in einer Schüssel mit dem Rest der Mehlmischung zu einem Ausbackteig verrühren.

5 Die Kugel aus Garnelen, Kalmarstücken, Lauch und Mitsuba in vier gleiche Teile teilen und zu flachen, runden Portionen formen.

6 Das Öl in einer tiefen Pfanne oder einem Wok auf 170 °C erhitzen. Reichlich Öl verwenden, damit Sie je eine ganze Portion auf einmal frittieren können.

7 Einen kleinen Teller mit etwas Sonnenblumenöl einölen. Eine Tempura-Portion darauflegen, mit einem Viertel des Ausbackteigs übergießen und darin wenden. Die Portion ins Öl gleiten lassen.

8 So lange frittieren, bis das Tempura Farbe annimmt. Zwischendurch wenden.

9 Die anderen drei Portionen auf die gleiche Weise frittieren.

10 Mit heißem Reis, der Tentsuyu-Sauce, etwas geriebenem Rettich und geriebenem Ingwer servieren.

Huhn & Ei

Für die Gerichte in diesem Kapitel sollten Sie das beste Hühnerfleisch und die besten Eier besorgen, die Sie bekommen können. Gerade hier ist der Unterschied zwischen Mittelmaß und Spitzenklasse riesengroß. Abgesehen davon sind meiner Meinung nach die Haut und die Schenkel die schmackhaftesten Teile des Huhns und werden in meinen Rezepten fast ausschließlich verwendet.

Die meisten traditionellen Lokale in Japan sind auf bestimmte Speisen oder eine bestimmte Art der Zubereitung spezialisiert. Besonders beliebt sind Yakitori-Restaurants, in denen Hühnerspieße vom Grill serviert werden. In diesen Lokalen, oft ganz kleine Garküchen oder Buden, bekommen Sie so ziemlich jedes Teil vom Huhn auf kleinen Spießchen serviert: Hühnerhaut, Hühnerschenkel, Hühnerleber … die Liste ist lang. Man grillt sie meist über Holzkohle und schenkt dazu eiskaltes Bier aus. Herrlich!

Eier isst man in Japan gerne roh. Ein traditionelles Frühstück besteht aus einer Schale heißem Reis, in den man ein rohes Ei schlägt und dann vielleicht noch einen Schuss Sojasauce dazugibt. Das Ei gart quasi in dem heißen Reis. Wenn wir Sukiyaki essen, eine Art japanisches Fleischfondue, tauchen wir das heiße Rindfleisch auf dem Weg zum Mund kurz in rohes Ei, bevor wir es essen. Wenn Sie rohe Eier mögen, sollte immer eins klar sein: Verwenden Sie nur absolut frische Eier der allerbesten Qualität.

Frittiertes Hühnerfleisch in Salatblättern

Kleine frittierte Hühnerfleischstücke sind sehr beliebt in Japan. Man findet sie in Lunchpaketen, in Bars als Häppchen zu Bier oder Sake, aber auch als Mahlzeit für die ganze Familie. In diesem Rezept wird das frittierte Hühnerfleisch (Tori no Karaage) mit Salat und frischen Kräutern serviert. Am Tisch kann sich dann jeder sein eigenes Päckchen zusammenstellen und in die Chilisauce dippen.

(Für 2–3 Personen)
250 g ausgelöste Hühnerschenkel mit Haut
3 EL Kartoffel- oder Speisestärke
2 EL Mehl
Sonnenblumen- oder Pflanzenöl, zum Frittieren

Für die Marinade:
1 EL Sojasauce
½ EL Shokoshu (Seite 159), ersatzweise anderer
    Reiswein
½ TL zerdrückter Knoblauch
Salz

Salatblätter zum Einwickeln
frische Kräuter, z. B. Schnittlauch, Minze, Koriandergrün (nach Geschmack)
süße Chilisauce, zum Dippen

1 Zunächst die Zutaten für die Marinade miteinander vermischen. Die Haut der Hühnerschenkel mehrmals einstechen und das Fleisch jeweils in 6–7 Stücke schneiden. Sorgfältig in der Marinade wenden und diese etwa 30 Minuten einwirken lassen.

2 Die Stärke mit dem Mehl vermischen und das marinierte Hühnerfleisch großzügig damit bestauben.

3 Das Öl zum Frittieren erhitzen. Wenn es etwa 170 °C erreicht hat, das Hühnerfleisch 4–5 Minuten darin frittieren, bis es knusprig, goldbraun und durchgegart ist. Machen Sie die Garprobe, indem Sie ein Stück in der Mitte durchschneiden. Frittieren Sie immer nur ein paar Stücke auf einmal, damit die Temperatur des Öls nicht zu stark absinkt. Das fertige Fleisch auf Küchenpapier abtropfen lassen.

4 Nun das Fleisch mit einer Auswahl frischer Kräuter und Salatblätter anrichten. Gegessen wird mit den Fingern: jeweils ein wenig Fleisch mit den Kräutern Ihrer Wahl in ein Salatblatt wickeln und in die Chilisauce dippen. Guten Appetit!

Gebratenes Huhn Kari Kari

Knusprig gebratenes Hühnerfleisch, bedeckt von einem Berg Schnittlauch, ist ein Festmahl. Nehmen Sie so viel Schnittlauch, dass das Fleisch kaum noch darunter hervorschaut. Auch Enten- oder Hühnerbrust können nach diesem Rezept zubereitet werden.

(Für 4 Personen)
250 g ausgelöste Hühnerschenkel mit Haut
Salz und frisch gemahlener Pfeffer
½ EL Sonnenblumen- oder Pflanzenöl
1 großes Bund Schnittlauch
Ponzu-Sojasauce (Seite 80; nach Geschmack)
Senf (nach Geschmack)

1 Die Haut des Hühnerfleisches mit einer Gabel mehrmals einstechen. Mit Küchenpapier trockentupfen und mit Salz und Pfeffer würzen.

2 Das Öl in einer Pfanne erhitzen und das Fleisch mit der Hautseite nach unten darin braten. Wenn die Haut eine goldbraune Farbe angenommen hat, das Fleisch wenden und auf der anderen Seite weiterbraten – dabei einen Deckel oder ein großes, kreisrundes Stück Alufolie direkt auf das Fleisch legen (siehe Anmerkung zur Zubereitung auf Seite 59 unten).

3 Den Schnittlauch in schmale Röllchen schneiden.

4 Das fertig gebratene Fleisch in mundgerechte Stücke schneiden, auf vier Tellern anrichten und mit reichlich Schnittlauch bestreuen. Etwas Ponzu-Sojasauce darüberträufeln und mit etwas Senf auf dem Tellerrand servieren.

Reisschale mit rohem Ei
Tamago Gake Gohan

Dies ist original japanisches Fast Food – einfacher geht's nicht. Trotzdem schmeckt das Gericht köstlich, ist eines meiner Lieblingsrezepte mit rohem Ei und ein traditionelles japanisches Frühstück. Hier verwende ich ein paar typisch japanische Garnierungen, die Sie aber nach Geschmack frei variieren können.

(Für 4 Personen)
600 g heißer gekochter Reis
4 frische Öko-Eier
Sojasauce (nach Geschmack)

Empfohlene traditionelle Garnierungen:
in schmale Streifen geschnittener Seetang (Nori; Seite 158)
getrocknete Fischflocken (Katsuo bushi; Seite 158))
getrocknete kleine Sardellen (Chirimen zansho; Seite 158)
eingelegtes japanisches Gemüse
in Sojasauce gekochte Asari-Muscheln (Seite 61)

Anmerkung:
Anstelle der traditionellen Garnierungen können Sie auch Zutaten verwenden, die Sie vorrätig haben, z. B. Spinat, Lachs oder Thunfisch aus der Dose. Selbst wenn Sie den Reis nur mit Ei und Sojasauce essen, schmeckt er hervorragend.

1 Gekochten Reis in eine Schale füllen, ein Ei darüberschlagen und nach Belieben garnieren. Sojasauce dazugeben und gut vermischen.

Salat von gedämpftem Hühnerfleisch mit Sesamsauce
Mushi Dori no Gomadare Salad

Sesamsauce aus dem Fleischsaft eines gegarten Huhns zu machen, ist einfach. »Gomadare« nennt man auf Japanisch die Methode, eine Speise mit Sesamsauce anzumachen. Sie ist sowohl für Fleisch als auch für Gemüse geeignet. Das hier beschriebene Rezept macht sich ausgezeichnet als Vorspeise, passt aber auch zu kalten Nudeln.

(Für 4 Personen)
100 g Frühlingszwiebeln
200 g Gurken (vorzugsweise kleine Gartengurken)
250 g ausgelöste Hühnerschenkel mit Haut
Salz und frisch gemahlener Pfeffer
1 EL Sake (Seite 159)
1 TL Sesamöl (Seite 159)
1 kleines Stück Ingwer, zerdrückt

Für die Sesamsauce:
50 ml Fleischsaft des gegarten Huhns (wenn nötig, mit Wasser auffüllen)
4 EL Sesampaste (Seite 159)
2 EL Sojasauce
2 EL extrafeiner Zucker
½ EL Reisessig (Seite 159)
2 TL Chilipaste, z. B. To Ban Jan
2 EL grob gemahlene Sesamsamen
2 EL fein gehackte Frühlingszwiebeln
2 TL fein gehackter Ingwer
2 TL fein gehackter Knoblauch

Anmerkung:
Das »Gomadare«-Dressing kann mit fertig gekaufter Sesampaste zubereitet werden, aber auch auf die traditionelle Art, indem man geröstete Sesamsamen im Mörser (Suribachi) zu einer groben Paste zerreibt. Eine gute Alternative ist das orientalische Tahin, obwohl es aus nicht geröstetem Sesam hergestellt wird und daher etwas anders schmeckt. Auch ungesüßte Erdnusscreme ist ein akzeptabler Ersatz.

1 Den weißen Teil der Frühlingszwiebeln schräg in dünne Ringe schneiden; den grünen Teil zurückbehalten. Die Ringe einige Minuten in kaltes Wasser legen, um ihnen die Schärfe zu nehmen. Abgießen. Den Ofen auf 190 °C vorheizen.

2 Die ungeschälten Gurken mit einigen Prisen Salz einreiben, kurz einziehen lassen, dann mit Wasser abspülen. Dies mildert den Eigengeschmack der Gurke und sorgt für eine schöne grüne Farbe. Nun mit dem Stößel des Mörsers oder einer stabilen Flasche auf die Gurken schlagen, sie der Länge nach vierteln und mit den Händen in unregelmäßige Stücke brechen.

3 Die Haut des Hühnerfleisches mit einem Holzspieß ein paar Mal einstechen und das Fleisch in eine hitzebeständige Schale legen. Salzen und pfeffern, den Sake und das Öl darübergießen, den grünen Teil der Frühlingszwiebeln und den Ingwer auf das Fleisch legen und alles zugedeckt 4 Minuten – oder bis das Fleisch durchgegart ist – in der Mikrowelle (600 W) erhitzen. Alternativ in einer feuerfesten Form 15–20 Minuten zugedeckt garen, bis das Fleisch durch ist. Abkühlen lassen. Den Fleischsaft auffangen, um ihn für die Sesamsauce zu verwenden.

4 Das Hühnerfleisch mit den Händen in kleine Stücke zerteilen und auf einem Servierteller anrichten. Die Gurken dazugeben und die Frühlingszwiebelringe darüberstreuen.

5 Die Zutaten für die Sesamsauce in einer kleinen Schüssel mischen und über das Fleisch und die Gurken gießen.

Huhn und grüne Bohnen mit Basilikumreis
Tori Adobo fu

Grüne Bohnen kommen in meinen Rezepten immer wieder vor, denn ich mag ihren Geschmack, ihre Farbe und ihren festen Biss. Der Basilikumreis ist dazu der perfekte Begleiter, aber auch mit einfachem gekochtem Reis ist dies ein köstliches Gericht.

(Für 4 Personen)
500 g ausgelöste Hühnerschenkel mit Haut
frisch gemahlener Pfeffer
4 Knoblauchzehen
350 g grüne Bohnen
½ EL Sonnenblumen- oder Pflanzenöl
100 ml Reisessig (Seite 159)
50 ml Sake (Seite 159)
300 ml Wasser
100 ml Sojasauce
1 Lorbeerblatt
1 TL getrocknete Koriandersamen
4 hart gekochte Eier, gepellt

1 Das Hühnerfleisch in 6 Teile schneiden und leicht pfeffern. Den Knoblauch schälen.

2 Die grünen Bohnen vom Faden befreien, beide Enden abschneiden und die Bohnen 10–15 Minuten kochen – sie sollten auf jeden Fall noch Biss haben. Abgießen und jede Bohne in 3 Teile schneiden.

3 Das Öl in einer Pfanne oder einem Wok mäßig stark erhitzen. Den Knoblauch hineingeben. Wenn er zu duften beginnt, das Hühnerfleisch mit der Hautseite nach unten hineinlegen und braten, bis die Haut goldbraun ist. Wenden und die andere Seite braten.

4 Reisessig, Sake, Wasser, Sojasauce, Lorbeerblatt und Koriander hinzufügen und alles bei geringer bis mäßiger Hitze köcheln lassen.

5 Wenn die Flüssigkeit auf die Hälfte eingekocht ist, die Eier und die Bohnen dazugeben. 5 Minuten weiterköcheln lassen, dann servieren.

Für den Basilikumreis:
(Für 4 Personen)
2 Hand voll frisches Basilikum
2 EL Sonnenblumen- oder Pflanzenöl
2 EL fein gehackter Knoblauch
450 g heißer gekochter Reis, vorzugsweise japanischer
1 TL Instant-Hühnerbrühe
Salz und frisch gemahlener Pfeffer

1 Das Basilikum grob hacken.
2 Das Öl in einer Pfanne mäßig stark erhitzen und den Knoblauch hineingeben. Wenn er zu duften beginnt, den Reis dazugeben und kurz pfannenrühren. Mit der Instant-Brühe, Salz und Pfeffer würzen. Vom Herd nehmen, das Basilikum untermischen und servieren.

Huhn mit rotem und grünem Paprika

Tori to Piman no Itame ni

Ein köstliches Gericht und schnell gemacht. Die rote und die grüne Paprikaschote sorgen für schöne Farben. Achten Sie darauf, dass diese beim Braten nicht zu weich werden – sie sollten schön knackig sein. Ich koche dazu weißen japanischen Reis.

(Für 4 Personen)
500 g ausgelöste Hühnerschenkel mit Haut
1 große Zwiebel, fein gehackt
1 EL fein gehackter Knoblauch
50 ml Rotwein
50 ml Sojasauce
ein paar frische Basilikum- und Rosmarinblätter
1 grüne Paprikaschote
½ rote Paprikaschote
2 EL Oliven- oder Sonnenblumenöl

1 Das Hühnerfleisch in 2 cm große Stücke schneiden. Zwiebel, Knoblauch, Rotwein, Sojasauce, Basilikum und Rosmarin in einer Schüssel vermischen und das Fleisch darin marinieren, während Sie die Paprikaschoten vorbereiten.

2 Aus den Schoten die Samen entfernen und die Schoten längs in schmale Streifen schneiden.

3 Die Hälfte des Öls in einer Pfanne erhitzen. Das Hühnerfleisch hineingeben und auf allen Seiten anbräunen, dann auf mäßiger Hitze weiterbraten, bis das Fleisch durchgegart ist. Aus der Pfanne nehmen.

4 Das restliche Öl hineingießen und die Paprikastreifen kurz darin braten. Wenn sie gerade durch sind, aber noch genug Biss haben, das Fleisch wieder dazugeben, die Marinierflüssigkeit zugießen und alles durchwärmen. Heiß servieren.

Pikante japanische Pfannkuchen nach Hiroshima-Art
Okonomiyaki Hiroshima fu

Wer schon einmal in Japan war, wird Okonomiyaki vielleicht kennen – ein beliebtes, preisgünstiges Essen für die ganze Familie. Von Region zu Region und von Haushalt zu Haushalt gibt es unzählige verschiedene Rezepte für Okonomiyaki. Jeder hat seine Vorlieben, und mein Favorit kommt aus der Gegend von Hiroshima. Ich bin ganz verrückt danach, fahre sogar manchmal extra nach Hiroshima, nur um dieses ganz spezielle Okonomiyaki zu bekommen.

Für Anfänger ist dieses Rezept sicherlich nicht einfach, aber es ist den Versuch wert. Abgesehen davon, dass es wunderbar schmeckt, ist es sehr nahrhaft – praktisch eine komplette Mahlzeit. Neulingen in der japanischen Küche hilft es sicher, wenn sie sich vorstellen, wie das Gericht am Ende aussehen soll: Von unten nach oben kommt erst ein mit Weißkohl, Tintenfisch und Schweinefleisch gefüllter Pfannkuchen, dann eine Schicht gebratene Nudeln, die schließlich von einem Omelett bedeckt wird. Wenn Sie einen Tischkocher besorgen können – es ist ein Riesenspaß, Okonomiyaki gemeinsam am Tisch zuzubereiten. Ein Schmaus für alle Sinne.

(Für 4 Personen)
Für den Pfannkuchenteig:
100 g Mehl
⅓ TL Natron
200 ml Wasser
1 TL Mirin (Seite 158)

Für die Füllung:
200 g China- oder Weißkohl, in dünne Streifen
    geschnitten
250 g Bohnensprossen
fein gehackte Frühlingszwiebeln oder Schnittlauch
    (nach Geschmack)
getrocknete Fischflocken (nach Geschmack)
120 g rohes Schweinefleisch, in dünne Scheiben
    geschnitten
180 g Kalmar, in dünne Ringe geschnitten
    (oder nach Geschmack)
Salz und frisch gemahlener Pfeffer
Sonnenblumen- oder Pflanzenöl
600 g gekochte chinesische Eiernudeln
4 EL Worcester-Sauce
8 Eier

1 Für den Pfannkuchenteig Mehl und Natron in eine Schüssel sieben. Wasser und Mirin dazugießen und gut vermischen.

2 Etwas Öl bei mäßiger Hitze in einer Pfanne erhitzen. Genug Teig hineingeben, um einen dünnen Pfannkuchen von 18 cm Durchmesser zu backen.

3 Jeweils ein Viertel von dem Kohl, den Bohnensprossen, Frühlingszwiebeln, Fischflocken und dem Fleisch auf den Pfannkuchenteig in der Pfanne legen. Leicht salzen und pfeffern. Ein Viertel der Tintenfischringe darauflegen und alles gemeinsam backen – achten Sie darauf, dass der Tintenfisch und das Fleisch durchgaren, erst dann mit dem nächsten Schritt fortfahren.

4 Auf den Pfannkuchen 2 EL Teig gießen, das Ganze wenden und mit dem Pfannenwender leichten Druck auf den Pfannkuchen ausüben.

5 In einer zweiten Pfanne etwas mehr Öl erhitzen und ein Viertel der Nudeln darin leicht anbraten. Mit 1 EL Worcester-Sauce würzen und die Nudeln kreisförmig auf den Pfannkuchen häufen.

6 In der zweiten Pfanne 2 Eier zu einem Omelett braten. Zuerst die Nudeln und dann den Pfannkuchen aus der ersten Pfanne darauf schichten. Das ganze Okonomiyaki auf einen Teller stürzen, sodass das Omelett oben und der Pfannkuchen unten ist. Auf die gleiche Weise drei weitere Okonomiyaki herstellen.

7 Zum Servieren die Tonkatsu-Sauce mit der Worcester-Sauce und dem Ketchup vermischen und über die Okonomiyaki träufeln. Wenn Sie Ao-Nori vorrätig haben, streuen Sie es darüber und geben Sie roten Ingwer als Garnierung dazu.

Zum Servieren:
4 EL Tonkatsu-Sauce (siehe Anmerkung)
2 TL Worcester-Sauce
1 EL Tomatenketchup
Beni shoga (eingelegter roter Ingwer, siehe Ingwer,
    Seite 158) und Ao-Nori-Seetang (siehe Anmerkung
    und Seite 158; nach Geschmack)

Anmerkung:
Ao-Nori wird gern auf Speisen gestreut, um ihnen zusätzliches Aroma zu verleihen.
Die dunkle, üppige Tonkatsu-Sauce findet man im Asia-Laden.

Fleisch

Dass ich Gemüse mag, hindert mich nicht daran, auch sehr gern Fleisch zu essen. Steak ist eine meiner drei Lieblingsspeisen (die anderen beiden sind Sashimi und Tori no Karaage, also frittiertes Hühnerfleisch). Ein schönes Lenden- oder Filetsteak reizt mich immer, egal ob als Ganzes oder in dünne Scheiben geschnitten. Mein Mann ist da wählerischer: Er hat sein Rindfleisch am liebsten dünn geschnitten und auf klassisch japanische Art zubereitet, zum Beispiel als Shabu Shabu – mit Gemüse in kochendem Wasser gegart – oder als Sukiyaki, eine Art Rindfleischeintopf.

Wir essen in Japan zwar erst seit gut 150 Jahren Rindfleisch, aber heutzutage ist es sehr populär. Gutes Rindfleisch ist bei uns nicht teuer und problemlos zu bekommen. Ich achte aber immer auf hochwertige Qualität. Oft versuche ich, etwas Besonderes aus einem einfachen Stück Fleisch zu machen, indem ich ganz unterschiedliche Gewürze einsetze – manchmal bereite ich es auf japanische Art zu, dann wieder westlich und ein anderes Mal im südostasiatischen Stil. Auch die Gemüsesorte, die man dazu kocht, kann ein Rindfleischgericht verändern. Ich erfinde ständig neue Rezepte, um aus schlichtem Rindfleisch immer wieder etwas wirklich Besonderes zu machen.

Auch Schweinefleisch wird in Japan viel und gern gegessen. Man frittiert es und serviert es als Tonkatsu oder brät Spießchen mit Schweinefleisch, Zwiebeln und Gemüse, die Kushikatsu heißen. Manchmal wird es auch in der Pfanne sautiert.

Hackfleisch ist ebenfalls beliebt und wird auf vielerlei Arten zubereitet. Meistens ist es aus Rind- und Schweinefleisch gemischt. Seit dem Zweiten Weltkrieg haben wir uns auch an Hamburger gewöhnt, aber meist werden sie dem japanischen Geschmack angepasst: Oft serviert man sie mit einer Sauce oder einem Spiegelei, was sie klar von ihren amerikanischen Vorbildern unterscheidet.

Rindfleischsalat
Gyu Tataki Salad

Eine in Japan sehr verbreitete Methode, um Fleisch und »fleischigen« Fisch wie Thunfisch zuzubereiten, ist der Tataki-Stil. Das Fleisch wird dabei nur kurz scharf angebraten, in Scheiben geschnitten und mit würzigen Dipsaucen gegessen. Dieses Gericht eignet sich wunderbar für ein geselliges Abendessen, da es – wie auch die Mentsuyu-Sauce – problemlos im Voraus zubereitet werden kann.

(Für 4 Personen)
500 g Rinderbraten, vorzugsweise aus der Keule
Salz und frisch gemahlener Pfeffer
1 TL zerdrückter Knoblauch
Sonnenblumen- oder Pflanzenöl
1 etwa fingerlanges Stück Daikon (Seite 158) oder
    weißer Rettich
1 Bund Mitsuba (Seite 158), ersatzweise Koriander-
    grün oder Petersilie
5 Shiso-Blätter (Seite 159), ersatzweise frische
Minze- und Basilikumblätter oder Zitronenmelisse
1 Myoga-Knospe (Seite 158), ersatzweise 1–2 Früh-
    lingszwiebeln
Senf (nach Geschmack)

Für die Mentsuyu-Sauce:
200 ml Sojasauce
100 ml Mirin (Seite 158)
3 EL extrafeiner Zucker
200 ml Wasser
20 g getrocknete Fischflocken

Anmerkung:
Sie können auch andere Salatsorten mit intensi-
vem Eigengeschmack verwenden, z. B. Rucola.
Wenn Sie keine Fischflocken haben, ersetzen Sie
die Hälfte des Wassers durch 100 ml Fischfond.

1 Holen Sie das Fleisch rechtzeitig aus dem Kühlschrank, es sollte Zimmertemperatur haben. Mit Salz, Pfeffer und Knoblauch würzen.

2 In einem Wok das Öl sehr heiß werden lassen, das Fleisch hineingeben und von allen Seiten scharf anbraten, sodass sich die Poren schließen. Braten Sie es nicht zu lange, denn es gart noch etwas nach, auch nachdem Sie es schon aus dem Wok genommen haben.

3 Den Braten herausnehmen und in Alufolie wickeln.

4 Den Rettich in streichholzdünne Stifte schneiden. Die Mitsuba-Blätter in 2 cm lange Streifen schneiden. Die Shiso-Blätter erst längs halbieren, dann fein hacken.

5 Wenn Sie Myoga haben, schneiden Sie ihn in feine Scheiben; ansonsten die Frühlingszwiebeln fein hacken. Die Myoga-Scheiben einige Minuten in Wasser legen, dann abgießen und gut trockentupfen.

6 Alle Zutaten für den Salat – Rettich, Mitsuba, Shiso und Myoga – miteinander vermischen. Das Fleisch in dünne Scheiben schneiden, mit etwas Senf bestreichen und auf dem Salat anrichten.

7 Für die Mentsuyu-Sauce alle Zutaten vermischen und offen in der Mikrowelle 3 Minuten (600 W) oder auf dem Herd erhitzen. Abkühlen lassen und abseihen. Bis zur Verwendung im Kühlschrank aufbewahren.

In zwei Sorten Miso mariniertes Steak

Miso kann man nicht nur für Suppen verwenden, es eignet sich auch gut als Marinade
für Fisch und Fleisch. Hier arbeite ich mit zwei verschiedenen Sorten, dem milderen
weißen und dem salzigeren roten Miso. Ich bereite normalerweise im Januar oder
Februar selbst so viel Miso zu, dass es für ein Jahr reicht. Es ist zwar sehr gesund, wegen
seines hohen Salzgehalts sollten Sie es mit dem Verzehr aber auch nicht übertreiben.

(Für 2 Personen)
50 g weißes Miso (Seite 158)
50 g rotes Miso (Seite 158)
½ EL Sojasauce
½ EL Sake (Seite 159)
1 EL Mirin (Seite 158)
200 g Filetsteak vom Rind
Sonnenblumen- oder Pflanzenöl, zum Braten
Wasabi (Seite 159; nach Geschmack)

1 Die beiden Miso-Sorten, Sojasauce, Sake und Mirin vermischen. Das Fleisch mit 1 EL der Mischung bestreichen, in Frischhaltefolie packen und 2–3 Stunden im Kühlschrank marinieren
lassen. Der Rest der Marinade hält sich im Kühlschrank bis zu
4 Wochen.
2 Das Fleisch etwa 30 Minuten vor dem Braten aus dem Kühlschrank nehmen, damit es Zimmertemperatur annehmen kann.
3 Etwas Öl in einer Pfanne erhitzen. Überschüssige Marinade
vom Steak abtropfen lassen und das Fleisch bei starker Hitze
braten. Wie gut Sie es durchbraten, entscheiden Sie – ganz nach
Geschmack.
4 Das Steak mit etwas Wasabi garniert servieren. Gut dazu passen
etwas grüner Salat und eine Reiskugel, die Sie mit einer Schale in
Form bringen und mit gerösteten Sesamsamen bestreuen.

Rindfleisch-Gemüse-Rollen
Gyuniku no Yasai Maki

Speisen gerollt zu servieren, scheint eine sehr asiatische Vorliebe zu sein – die Frühlings-rolle ist das beste Beispiel dafür. In diesem Rezept wird das Gemüse aber nicht in Teig, sondern in Rindfleisch gerollt; dünn geschnittenes Schweinefleisch eignet sich übrigens genauso gut. Die Marinade ist so lecker, dass Sie das Fleisch nach dem Marinieren auch völlig ohne Füllung grillen oder braten und verspeisen können.

(Für 4 Personen)
Für die Marinade:
4 EL Sojasauce
1 EL Sake (Seite 159)
2 EL Sesamöl (Seite 159)
2 EL extrafeiner Zucker
2 EL Rotwein
3 EL gemahlene Sesamsamen
2 TL zerdrückter Knoblauch
1 TL frisch geriebener Ingwer
frisch gemahlener schwarzer Pfeffer
Chilipulver, z. B. Ichimi togarashi

200 g frische grüne Spargelstangen
70–80 g grüne Bohnen
350 g Rindfleisch, in dünne Scheiben geschnitten

1 Für die Marinade alle Zutaten in einer Schüssel gut vermischen. Der Zucker muss sich vollständig auflösen. 2–3 Stunden ruhen lassen.

2 Das untere Drittel der Spargelstangen schälen und die holzi-gen Enden abschneiden. Von den Bohnen jeweils beide Enden kappen. Das Gemüse in kochendem Wasser kurz garen, es sollte noch Biss haben. Abgießen, in kaltem Wasser abschrecken und wieder abgießen.

3 Etwa 50 ml der Sauce über das Fleisch gießen und mit den Händen gut einreiben.

4 Die Rindfleischscheiben einzeln auf einen Teller legen, jeweils eine Spargelstange und ein paar Bohnen darauflegen und das Fleisch um das Gemüse rollen, sodass eine Art Roulade entsteht. Wenn Ihnen das Gemüse ausgeht, rollen Sie das restliche Fleisch ohne Inhalt zusammen.

5 Da das Fleisch so dünn geschnitten ist, wird es schnell gar – Sie können es grillen oder in der Pfanne braten. Vielleicht hilft es Ihnen, die »Rouladen« mit einem Spieß festzustecken, aber eigentlich sollten sie auch so zusammenhalten.

6 Die fertigen Rollen in mundgerechte Stücke schneiden und auf eine Servierplatte legen. Mit der restlichen Sauce übergießen und mit weißem Reis servieren.

Geschmorter Schweinebraten

Ich finde, dass ein großer Schweinebraten am besten gerät, wenn er im Topf geschmort wird – er wird viel zarter als im Ofen. Ein Gericht wie dieses koche ich nicht jeden Tag, aber für ein großes Essen ist es genau das Richtige. Reste können Sie gut mit gebratenem Reis (Chahan) essen oder für Sandwiches verwenden.

(Für 8 Personen)
2 kg Schweinebraten, vorzugsweise ausgelöste
    Schulter ohne Schwarte
Salz und grob gemahlener schwarzer Pfeffer
½ EL Sonnenblumen- oder Pflanzenöl
3–4 Lorbeerblätter
Küchengarn

Für die Wasabi-Sauce:
200 ml Flüssigkeit, gemischt aus dem Bratenfond
    und Hühnerbrühe
1 EL Kartoffel- oder Speisestärke, aufgelöst in
    1 EL Wasser
2 EL Sojasauce
1 TL Wasabi (Seite 159)

1 Den Schweinebraten salzen und pfeffern und mit Küchergarn zusammenbinden.

2 Das Öl in einer großen Pfanne sehr heiß werden lassen.

3 Fleisch von allen Seiten anbraten, sodass sich die Poren schließen.

4 Aus der Pfanne nehmen und in einen großen Bräter mit schwerem Boden legen. Die Lorbeerblätter darauflegen und alles locker mit Alufolie bedecken – dadurch hält der Braten besser die Feuchtigkeit.

5 Den Bräter mit einem Deckel verschließen und den Braten bei sehr niedriger Hitze auf dem Herd etwa 1 Stunde schmoren lassen, dabei ein- bis zweimal wenden.

6 Machen Sie die Garprobe, indem Sie mit einem Spieß tief ins Fleisch stechen: Wenn klarer Fleischsaft austritt, ist der Braten fertig. Dann herausheben, abkühlen lassen und in dünne Scheiben schneiden.

7 Für die Wasabi-Sauce den Bratenfond in einen Topf umfüllen, das Fett abschöpfen und mit Hühnerbrühe auf 200 ml Gesamtmenge auffüllen. Die Stärke einrühren und erhitzen. Sobald die Sauce einzudicken beginnt, die Sojasauce dazugießen. Zum Schluss das Wasabi hinzufügen. In eine Sauciere füllen und zum Schweinebraten servieren.

Variante: Apfel-Mayonnaise-Sauce
3 mittelgroße Äpfel schälen, das Kerngehäuse entfernen und in je 8 Spalten schneiden. 200 ml Wein mit 50 ml Wasser in einem Topf zum Kochen bringen. Die Äpfel dazugeben, einen Deckel, der in den Topf passt oder ein rundes Stück Alufolie direkt auf die Früchte legen und köcheln lassen, bis die meiste Flüssigkeit aufgesogen ist und die Äpfel weich sind. Währenddessen einmal wenden. Abkühlen lassen.
Die Äpfel mit 3–4 EL Mayonnaise, 1 EL fein gehackter Zwiebel sowie Salz und Pfeffer nach Geschmack zu einer glatten Sauce pürieren. Wenn Sie in Eile sind, geht es auch mit Apfelmus aus dem Glas, mit frischen Äpfeln schmeckt es aber besser.

Japanisches Pfeffersteak mit Ingwer-Kartoffelpüree

Der japanische Sansho-Pfeffer unterscheidet sich in Geschmack und Geruch deutlich von schwarzem Pfeffer. Außerhalb Japans und Chinas ist er aber nicht leicht zu bekommen. Als Ersatz kommt nur der nah verwandte Szechuan-Pfeffer in Frage.

(Für 4 Personen)
4 Filetsteaks vom Rind, je 150 g und 3 cm dick
Salz
grob gemahlener Sansho- oder Szechuan-Pfeffer
   (nach Geschmack)
Sonnenblumen- oder Pflanzenöl, zum Braten
Kinome-Blätter (Seite 158), ersatzweise Kresse

Für das Ingwer-Kartoffelpüree:
(Für 4 Personen)
450 g mittelgroße Kartoffeln
1 EL Butter
100 ml Milch
50 g Sahne
Salz und frisch gemahlener Pfeffer
50 ml Sojasauce
50 ml Mirin (Seite 158)
1 EL Kartoffel- oder Speisestärke, in 1 EL kaltem
   Wasser aufgelöst
1 EL frisch geriebener Ingwer

1 Die Steaks rechtzeitig aus dem Kühlschrank nehmen, damit sie Zimmertemperatur annehmen können. Auf beiden Seiten mit Salz und reichlich Sansho- oder Szechuan-Pfeffer würzen.
2 Öl in einer Pfanne erhitzen und die Steaks nach Geschmack braten.
3 Die Steaks auf vier Teller verteilen und jedes mit einem Kinome-Zweig oder etwas Kresse garnieren. Mit dem Ingwer-Kartoffelpüree servieren.

Ingwer-Kartoffelpüree

1 Die Kartoffeln schälen und vierteln. Einige Minuten in Wasser einweichen, dann abgießen und abtrocknen.
2 Eine für die Mikrowelle geeignete Schüssel mit Küchenpapier auslegen und die Kartoffeln hineingeben. Zudecken und 5 Minuten in der Mikrowelle (600 W) erhitzen, bis die Kartoffeln gar sind. Alternativ können Sie sie natürlich auch ca. 15 Minuten in Wasser kochen.
3 Die gegarten Kartoffeln zerdrücken, solange sie noch heiß sind. Die Butter und die Milch hinzufügen und alles gut zerstampfen. Die Sahne einrühren und mit Salz und Pfeffer würzen.
4 Währenddessen die Sojasauce mit dem Mirin in einem kleinen Topf zum Kochen bringen. Die Stärke dazugeben und köcheln lassen, bis die Sauce eindickt. Vom Herd nehmen und den Ingwer einrühren.
5 Auf jeden Teller ein Viertel des Kartoffelpürees geben, in die Mitte eine Vertiefung drücken und die Ingwersauce hineingeben. Servieren.

Steak-Happen mit japanischem Gemüse
Koro Koro Steak Tataki fu

Dieses leichte und leckere Gericht ist nicht nur ein Gaumenschmaus, sondern auch ein Augenschmaus. Im Rezept ist eine ganze Reihe von japanischen Gemüsesorten oder Kräutern angegeben, aber auch mit dem, was bei Ihnen leicht erhältlich ist, lässt sich ein köstliches Mahl zaubern – z. B. mit Brunnenkresse, Koriander, Petersilie oder Rettich. Zum Essen brauchen Sie übrigens kein Messer – ein Paar Essstäbchen reichen völlig.

(Für 4 Personen)
800–900 g Lendensteak vom Rind, 2 cm dick
Sonnenblumen- oder Pflanzenöl, zum Braten
15 g Ingwer, fein gehackt
20–30 g Myoga-Knospen (Seite 158), gehackt
20–25 g Frühlingszwiebeln oder Schnittlauch, gehackt
30 g Sellerie, gehackt
1 kleines Bund Shiso-Blätter (Seite 159), gehackt, ersatzweise frische Basilikum- und Minzeblätter oder Zitronenmelisse
Dashi-Sojasauce (siehe Anmerkung; nach Geschmack)
etwas geriebener Daikon (Seite 158) oder weißer Rettich, gerieben (nach Geschmack)

Anmerkung:
Für die Dashi-Sojasauce 50 ml Dashi (Seite 27 und Seite 158) oder Fischfond mit 50 ml Sojasauce und 1 EL Reisessig vermischen, erhitzen und abkühlen lassen.

1 Die Steaks in mundgerechte Würfel schneiden.

2 Öl in einer Pfanne erhitzen, die Fleischwürfel von allen Seiten anbräunen und dann nach Geschmack durchbraten.

3 Die gehackten Kräuter und Gemüse, außer dem Rettich, in einer Schüssel vermischen.

4 Die Steakwürfel auf einer Servierplatte anrichten und die Kräuter und Gemüse darüberstreuen.

5 Die Dashi-Sojasauce über das Fleisch gießen. Mit etwas geriebenem Rettich essen.

Shabu Shabu

Diese Art von Gerichten kennen die Japaner als Nabe ryori. Das könnte man mit »Eintopfgericht« übersetzen, allerdings wird das Essen hier gemeinsam bei Tisch gekocht. Man sitzt in der Runde um den Topf in der Mitte des Tisches herum und gibt die Zutaten – Fleisch oder Fisch, immer aber auch vielerlei Gemüse – Stück für Stück hinein. Wenn die Zutaten einmal fertig vorbereitet sind, ist das Kochen selbst ein Kinderspiel.

Für Shabu Shabu braucht man einen Tischkocher, der elektrisch oder mit Gas betrieben wird. Man gibt zuerst das Fleisch in die brodelnde Brühe, dann den Tofu und zum Schluss das Gemüse. Sobald Fleisch und Gemüse gegessen sind, kommen Reis oder Nudeln in die Brühe, die sich nun mit Aromen vollgesogen hat. Das Ganze ist ideal für Familienfeste oder Essen im Freundeskreis. Wir kennen eine Vielzahl von Saucen, in die man die gegarten Zutaten dippen kann. Ich habe zwei davon ausgewählt.

(Für 4 Personen)
Für die Basis-Brühe:
2 Stücke Kombu-Seetang (siehe Anmerkung und
    Seite 158), je 10 x 10 cm
1,5 l Wasser

80 g Kuzukiri-Nudeln (siehe Anmerkung)
300 g Seidentofu (Seite 159, siehe Tofu)
200 g Mizuna (siehe Anmerkung)
200 g dünne Lauchstangen
500 g Rindfleisch, in dünnen Scheiben
Sesam-Dipsauce
Ponzu-Soja-Dipsauce
300 – 400 g gekochte Udon-Nudeln (japanische
    Bandnudeln)

1 Für die Basis-Brühe überschüssiges Salz vom Kombu-Seetang abwischen und die Blätter 30 Minuten in dem Wasser einweichen.

2 In einem anderen Topf reichlich Wasser zum Kochen bringen. Die Kuzukiri-Nudeln oder Glasnudeln bei mäßiger Hitze nach Packungsanweisung kochen. Abgießen.

3 Vom Tofu das Wasser abgießen und mit Küchenpapier die restliche Flüssigkeit aufsaugen. In große, mundgerechte Stücke schneiden.

4 Mizuna oder anderes Gemüse in 7–8 cm lange Streifen schneiden, den Lauch schräg in 2 cm dicke Stücke schneiden.

5 Fleisch, Mizuna, Lauch, Nudeln und Tofu auf einer großen Platte schön anrichten, dabei die Zutaten getrennt halten, da sie nacheinander in den Topf kommen.

6 Die Sesam-Dipsauce und die Ponzu-Soja-Dipsauce zubereiten wie auf der gegenüberliegenden Seite beschrieben.

7 Einen großen Topf oder eine Kasserolle zu zwei Dritteln mit der Basis-Brühe füllen und auf dem Tischkocher zum Kochen bringen. Die Hitze reduzieren und das Fleisch Scheibe für Scheibe hineingeben – es wird sehr schnell gar.

8 Das Fleisch herausnehmen und auf einen Teller legen. Jeder bedient sich nun selbst und dippt sein Fleisch in die Sauce seiner Wahl.

Anmerkung:
Kombu-Seetang bekommen Sie im Asia-Laden; ersatzweise können Sie für die Basis-Brühe Fischfond verwenden, der mit etwas Hühnerbrühe vermischt wird.

Kuzukiri-Nudeln gibt es nur in der japanischen Küche, mit thailändischen Glasnudeln sollte das Gericht aber auch gelingen. Wichtig ist, dass die Nudeln keinen ausgeprägten Eigengeschmack, aber eine schöne weiche Konsistenz haben. Mizuna ist ein Blattgemüse, das Sie bei Bedarf durch Chinakohl, Blattspinat oder eventuell Rucola ersetzen können.

Sesam-Dipsauce

Diese Sauce ist ein Muss für Shabu Shabu. Hier ein Rezept für eine kräftige, köstlich duftende Sauce:

6 EL Sesampaste (Seite 159)
2 EL Sojasauce
1 EL Reisessig (Seite 159)
1 EL extrafeiner Zucker
1 TL Instant-Hühnerbrühe, aufgelöst in 50 ml
    heißem Wasser
grob gemahlene Sesamsamen (nach Geschmack)

Sesampaste, Sojasauce, Essig, Zucker und die heiße Hühnerbrühe (das Instant-Pulver muss sich vollständig aufgelöst haben) in einer Schüssel gut vermischen. Nach Belieben gemahlene Sesamsamen dazugeben – ich finde, sie sorgen für einen kräftigeren Geschmack.

Für die Ponzu-Soja-Dipsauce nach dem Rezept von Seite 81 Ponzu-Sojasauce zubereiten und nach Geschmack mit dem Saft von 4–5 Sudachi-Früchten oder Limetten, 75 g fein gehackten Frühlingszwiebeln oder Schnittlauch, etwas geriebenem Daikon oder Rettich, grob gemahlenen Sesamsamen nach Geschmack und etwas Chilipulver (z. B. Shichimi togarashi) vermischen.

9 Den Tofu mit einem Löffel in den Topf geben und die Brühe wieder leicht zum Köcheln bringen. Das Gemüse und die Kuzukiri-Nudeln hinzufügen. Nach Bedarf Brühe nachgießen. Tofu, Gemüse und Nudeln auf die gleiche Weise wie das Fleisch herausheben und essen.
10 Wenn alle Zutaten aufgebraucht sind, geben Sie die gekochten Udon-Nudeln in die Brühe. Sie nehmen den Geschmack der nun herrlich würzigen Brühe auf und schmecken einfach köstlich.

Sushi

Jedes Land hat sein Nationalgericht – in Japan ist es Sushi. Ursprünglich erfunden als eine Methode, um Fisch zu konservieren, hat sich Sushi im Lauf der Zeit zu einem Essen für besondere Gelegenheiten entwickelt. Gern wird es auch serviert, wenn man einen wichtigen Gast bewirten möchte. Mit Sushi verbindet man Freude und glückliche Momente im Leben.

Doch nicht nur in Japan liebt man Sushi. Mittlerweile scheint die ganze Welt seiner Faszination erlegen zu sein, und heute kann man dieses ganz besondere Essen fast überall bekommen – hier und da sogar in der Sandwichabteilung im Supermarkt.

Ein Grund für den Siegeszug des Sushi ist sicherlich seine Vielfalt. Man kann es im Nigiri-Stil als einzelne kleine Reishäppchen mit vielerlei Belag zubereiten, im Chirashi-Stil als große Schüssel mit Sushi-Reis, der mit verschiedenen Zutaten bedeckt ist, oder im Maki-Stil, bei dem die Zutaten mit dem Reis in Nori-Seetangblätter gerollt und die Rollen in mundgerechte Stücke geschnitten werden.

Nigiri Zushi gilt als die schwierigste der Zubereitungsarten. Es heißt, man solle sie am besten Profis überlassen, die in einer jahrelangen Ausbildung lernen, den Reis richtig zu kochen, den Fisch zu schneiden und alles perfekt zusammenzufügen. Chirashi Zushi und Maki Zushi aber werden oft und gern in der heimischen Küche für Partys und besondere Gelegenheiten geschnippelt und gerollt. Ich habe Rezepte für alle drei Stile – Nigiri, Chirashi und Maki – zusammengestellt, die allesamt recht einfach sind. Und natürlich braucht man kein jahrelanges Training, um sie umzusetzen!

Sushi

Die Fotos in diesem Kapitel sollen Ihnen einen Eindruck davon geben, wie vielfältig Sushi sein kann. Wie schon gesagt: Sie können kleine Reisklößchen mit verschiedenen Zutaten belegen (Nigiri Zushi), den Reis in großen Schalen anrichten und die Zutaten darauflegen (Chirashi Zushi) oder Rollen mit unterschiedlichen Füllungen herstellen (Maki Zushi). Sushi ist ein bemerkenswert variantenreiches Gericht.

Ein entscheidendes Element für das Gelingen ist der Sushi-Reis selbst. Man verwendet den normalen japanischen Rundkornreis, der mit gesüßtem Reisessig gesäuert wird. Er wird mit etwas weniger Wasser gekocht als normalerweise, denn man vermischt ihn mit dem Sushi-Essig, solange er noch warm ist und Feuchtigkeit aufnehmen kann.

Noch leicht lauwarm schmeckt Sushi-Reis auch am besten, kühlen Sie ihn also nach Möglichkeit nicht. Wenn in diesem Kapitel von Reis die Rede ist, ist immer gesäuerter Sushi-Reis gemeint. Übrigens: Das Wort Sushi wird in bestimmten Zusammensetzungen Zushi geschrieben und dann mit stimmhaftem »s« ausgesprochen. (Weitere Hinweise zur Aussprache finden Sie auf Seite 158).

300 g ungekochter Reis und 300 ml Wasser ergeben 20–24 Reisklößchen im Nigiri-Stil, 1 Schüssel Chirashi Zushi, 4 Maki-Zushi-Rollen oder 6 Ura-Maki-Rollen.

Sushi-Essig:

200 ml Reisessig mit 3½ EL extrafeinem Zucker in einem kleinen Topf vermischen. Behutsam erhitzen, bis der Zucker sich aufgelöst hat, dann nach Geschmack 2–3 TL Salz dazugeben. Umrühren und abkühlen lassen. Sushi-Essig hält sich im Kühlschrank 4–5 Tage.

Sushi-Reis:

Den Reis wie gewohnt im Reiskocher, in einem Topf oder in der Mikrowelle kochen. In eine große flache Schüssel oder eine hölzerne Sushi-Mischschüssel geben und 70–100 ml Sushi-Essig (nach Geschmack) darüberträufeln, solange der Reis noch warm ist. Den Essig behutsam und sorgfältig unter den Reis heben: Wenden Sie den Reis mit einem breiten Holzlöffel mehrmals, aber achten Sie darauf, die Reiskörner nicht zu zerdrücken, sonst wird er zu klebrig. Wenn der Reis nur noch leicht lauwarm ist, können Sie mit dem Zubereiten der Sushi beginnen.

Wichtige Zutaten

Bei aller Vielfalt gibt es Zutaten, die für fast alle Arten von Sushi verwendet werden.

Wasabi Ich stamme aus einer Gegend, in der Wasabi angebaut wird. Dieser grüne Meerrettich wächst im Wasser – allerdings nur in Wasser, das drei Bedingungen erfüllt: Es muss kalt sein, sehr sauber und es muss fließen. Die Wurzel wird zu einer Paste gerieben. Sushi ist ohne Wasabi kaum denkbar – die beißende Schärfe ergänzt perfekt den leicht süßen Reis. Wasabi in der Tube oder als Pulver zum Anrühren mit Wasser ist in Asia-Läden problemlos erhältlich.

Nori Für Maki-Zushi-Rollen sind diese papierdünnen Blätter von getrocknetem Seetang unverzichtbar, aber auch für die beiden anderen Sushi-Arten wird Nori gern verwendet. Eine besondere Form der Sushi-Rolle ist Temaki Zushi: Alle Zutaten liegen auf dem Tisch, und jeder bedient sich selbst, indem er aus einem Nori-Blatt eine Tüte formt und diese nach Belieben füllt.

Shiso-Blätter Dieses aromatische Kraut (Seite 159) wird häufig zu Sushi und Sashimi serviert.

Gari Eingelegter Ingwer, der immer zu Nigiri-Zushi serviert wird. Man kann ihn fertig kaufen, aber auch leicht selbst machen: Ein Stück (15 g) frischen Ingwer schälen und längs zur Faser in sehr dünne Scheiben schneiden. Mit etwas Salz bestreuen und dieses 5–10 Minuten einziehen lassen, dann kurz in kochend heißes Wasser geben, damit er weich wird. Abspülen und 4 Stunden in einer Mischung aus 100 ml Sushi-Essig und 1 EL extrafeinem Zucker einlegen. Zuletzt abgießen und trockentupfen.

Sesamsamen werden auf den Reis gestreut oder mit ihm vermischt und dienen als Außenhülle für die »verkehrt herum« gerollten Ura Maki Zushi. In Japan bekommt man Sesamsamen bereits leicht geröstet.

Hauptzutaten als Auflage oder Füllung

Denken Sie bei der Wahl der Zutaten immer auch daran, was ihren Geschmack am besten zur Geltung bringen kann – sei es ein Klecks Wasabi, sei es etwas geriebener Ingwer. Mit zunehmender Erfahrung wird Ihnen die Auswahl leichter fallen.

Sashimi Roher Fisch. Viele setzen Sushi mit rohem Fisch gleich, obwohl das so nicht stimmt. Am einfachsten kommt man zunächst sicher mit Sashimi von Thunfisch und Lachs zurecht, da beide Fische roh keinen zu intensiven Eigengeschmack haben. Fast jeder Fisch ist aber für Sashimi geeignet, wenn er frisch genug ist und so geschnitten, dass man ihn leicht essen kann. Ihr Fischhändler wird Sie beraten.

Gegarter Fisch wird traditionell eher selten für Sushi verwendet, nur Garnelen sind meist gekocht. Geräucherten Fisch wie Räucherlachs oder -aal kann man aber sehr gut verwenden.

Fischrogen kann als Hauptzutat, aber auch nur zur Garnierung verwendet werden.

Fleisch Zwei Fotos in diesem Kapitel zeigen Hühnerfleisch. Auch rohes Rindfleisch und sogar Ente können verwendet werden, sollten aber sehr dünn geschnitten werden.

Omelett Ein leicht gesüßtes Omelett sorgt nicht nur für eine zusätzliche Geschmacksnote, sondern auch für Farbe. Verschlagen Sie 3 Eier mit einer Gabel, rühren Sie 1 EL Zucker und eine Prise Salz ein und braten Sie sie wie gewohnt zu einem Omelett. Dieses können Sie dann zerrupfen (für Chirashi Zushi) oder in Streifen schneiden (für Nigiri und Maki Zushi). Für Chirashi Zushi sollte das Omelett möglichst dünn sein, ansonsten bestimmen Sie die Dicke.

Gemüse Viele gegarte und auch rohe Gemüsesorten eignen sich für Sushi. Häufig werden Gurke und Avocado verwendet, aber auch Kräuter wie Schnittlauch passen ausgezeichnet.

Nigiri Zushi

Bei dieser Art Sushi werden Streifen von Fisch, Fleisch, Omelett oder Gemüse auf kleine Reisklößchen gesetzt. Viele glauben, es sei die einzige Art von Sushi, aber es gibt – wie gesagt – noch andere Varianten.

Ich nehme gern Frischhaltefolie zu Hilfe, wenn ich die Reisklößchen forme. So ist es einfacher als mit bloßen Händen, finde ich – vor allem, wenn der Reis noch warm ist.

Tori, Kyuri no Nigiri Zushi

Diese Sushi sind ganz einfach zuzubereiten: Verwenden Sie als Auflage gekochte Hühnerbrust, Avocado und Gurke – alles mundgerecht in Streifen geschnitten. Auf jedes Reisklößchen ein wenig Wasabi streichen, einen Streifen Avocado oder Gurke darauflegen und darüber ein Stück Hühnerfleisch. Ein bisschen Dressing (2 EL Mirin, 2 EL Sojasauce und 2 TL extrafeiner Zucker zusammen 2½ Minuten in der Mikrowelle mit 600 W oder auf dem Herd erhitzt und anschließend abgekühlt) darüberträufeln und mit einem Streifen Nori umwickeln.

Temari Zushi

Für diese Sushi habe ich Omelett, belegt mit Dorschrogen, Sashimi von weißem Fisch mit geriebenem Ingwer und Frühlingszwiebeln, Thunfisch-Sashimi und gebratenem Hühnerfleisch (Rezept siehe unten), verwendet.

250 g ausgelöste Hühnerschenkel mit Haut
1 EL Mirin (Seite 158)
1 EL Sojasauce
2 TL extrafeiner Zucker
Das Fleisch mit der Hautseite nach unten braun und knusprig braten und wenden. Mirin, Sojasauce und Zucker dazugeben und das Fleisch fertig garen. Herausnehmen, abkühlen lassen und in dünne Scheiben schneiden.

Oba Zushi

Oba ist ein anderes Wort für Shiso. Die Blätter dieses Krauts (Seite 159) spielen in dieser Sushi-Variante die Hauptrolle. In den Sushi-Reis mische ich hier leicht angeröstete weiße Sesamsamen, bevor ich die Klößchen forme. Darauf lege ich dünne, mit etwas Wasabi eingestrichene Streifen Meerbrasse, Schinken mit einem Klecks Mayonnaise, mit gemahlenem Sansho- oder Szechuan-Pfeffer bestreuten Räucheraal oder Räucherlachs. Gekrönt wird das Ganze immer von einem Shiso-Blatt. Es ist hilfreich, die Reis-klößchen vor dem Belegen etwas flachzudrücken. Mit etwas Sojasauce und Sudachi- oder Limettensaft servieren. Sehr gut schmeckt die Meerbrasse übrigens auch, wenn sie in Kombu-See-tang mariniert wurde (Seite 87).

Chirashi Zushi

Für Partys ist dies eine ideale Sushi-Zubereitung. Sie können hier-für sogar ausnahmsweise Langkornreis verwenden, auch wenn echter Sushi-Reis natürlich die bessere Wahl ist. Aber da er nicht in eine bestimmte Form gebracht werden muss wie bei Nigiri Zushi oder Maki Zushi, muss er auch nicht kleben. Als Auflage habe ich hier 150–200 g gekochte Garnelen, 200 g Räucherlachs, 200 g Thunfisch in Sashimi-Qualität und 120 g weißen Fisch in Sashimi-Qualität genommen. Dazu kommen noch einige Streifen gesüßtes Omelett. Außerdem habe ich ein paar in schmale Stifte geschnit-tene und in Zuckerwasser gekochte Möhren, Sojasauce und dünne Zucchinischeiben untergemischt. Garniert ist das Ganze mit Lachsrogen. Auf Chirashi Zushi können Sie aber alles legen, was Ihnen passend erscheint, sowohl rohe als auch gegarte Zutaten.

Maki Zushi

Für diese Art Sushi ist eine Bambusmatte zum Rollen eine große Hilfe. Sie können sich aber auch notfalls mit Backpapier in entsprechender Größe behelfen. Achten Sie darauf, alle Zutaten zur Hand zu haben, bevor Sie anfangen. Sie brauchen außerdem ein scharfes Messer, um die Rollen zu schneiden. Eine Schale mit Wasser neben der Arbeitsfläche ist hilfreich, um das Messer und Ihre Finger anzufeuchten – der Reis ist klebrig! Für 4 Rollen nehme ich 200 g Thunfisch in Sashimi-Qualität, 320 g ungekochten Reis und 70 ml Sushi-Essig.

Maki Zushi

1 Auf die Bambusmatte ½ Nori-Blatt legen. Eine dünne Schicht gekochten Reis gleichmäßig darauf verteilen, dabei an den Längsseiten je 1 cm frei lassen – hier wird die Rolle später geschlossen. Etwas Wasabi in einer Linie längs über den Reis streichen. Nehmen Sie aber nicht zu viel, diese grüne Meerrettichpaste ist sehr scharf!

2 Die Zutaten zum Füllen auf die Wasabi-Paste legen: zuerst eine Lage Thunfisch in Sashimi-Qualität, darauf grob zerkleinerte Shiso-Blätter und zuletzt in feine Streifen geschnittene Gurke. Geben Sie aber nicht zu viel hinein, sonst wird das Rollen schwierig.

3 Mit der Bambusmatte das Nori-Blatt mitsamt dem Inhalt behutsam und gleichmäßig aufrollen, dabei fest zusammendrücken. Die Matte entfernen, überstehende Zutaten an den Enden der Rolle abschneiden und die Rolle mit einem angefeuchteten scharfen Messer in 2–3 cm lange Stücke schneiden.

Ura Maki Zushi (Inside-Out-Rolle)

1 Auf eine Lage Backpapier, das auf der Bambusmatte liegt, ½ Nori-Blatt legen. Eine dünne Schicht gekochten Reis gleichmäßig darauf verteilen, diesmal bis zum Rand. Nori und Reis vorsichtig umdrehen, sodass der Reis auf dem Backpapier liegt. Die Füllung auf das Nori-Blatt schichten: etwa 200 g Krebsfleisch, Avocadostreifen und Shiso-Blätter.

2 Statt Wasabi wird nun Mayonnaise über die Füllung gestrichen. Mit der Bambusmatte behutsam und gleichmäßig aufrollen.

3 Geröstete Sesamsamen auf einen Teller geben und die Sushi-Rolle darin wälzen, sodass sie außen gut von den Samen überzogen ist.

4 Mit einem angefeuchteten scharfen Messer die Ura Maki Zushi in 2–3 cm lange Stücke schneiden und servieren.

Gemüse

Ich möchte Sie alle dazu ermutigen, viel Gemüse zu essen, denn das ist wichtig für eine ausgewogene Ernährung und gewiss nicht langweilig. Die japanische Küche kennt viele Zubereitungsarten für Gemüse – roh, gekocht, kurz angebraten, gedämpft, eingelegt, mit Sesamsauce angemacht oder einfach gegrillt. Wie auch immer Sie es zubereiten, lassen Sie dieselbe Sorgfalt walten wie bei der Zubereitung eines Hauptgerichts. Gemüse ist schließlich nicht weniger wichtig – für die Ausgewogenheit von Farbe, Nährwert und Geschmack der ganzen Mahlzeit ist es sogar unverzichtbar.

Japanisch zu kochen heißt, sich an den Jahreszeiten zu orientieren, und für Gemüse gilt das ganz besonders. Sie sollten wissen, welche Zutaten in Ihrem Land wann Saison haben. In Japan gehören z. B. zum Sommer die besten Auberginen, Gurken, Tomaten und Kürbisse, während Kartoffeln, Kohl, grüne Bohnen und Bambussprossen im Frühling Saison haben. In Ihrem Land ist das möglicherweise anders, darum erkundigen Sie sich, wann die beste Zeit für einzelne Gemüsesorten ist. Sie werden merken, um wie viel besser Gemüse schmeckt, wenn es in der richtigen Jahreszeit geerntet wurde.

Wichtig bei gekochtem Gemüse ist, es nicht zu lange zu garen. Wie in Italien und Frankreich mögen wir unser Gemüse auch »al dente«, also schön knackig, um seinen natürlichen Geschmack und die ihm eigene Konsistenz richtig genießen zu können.

Salate gehören traditionell zwar nicht zur japanischen Küche, sind aber bei uns mit offenen Armen aufgenommen worden. In Restaurants werden Gerichte im westlichen Stil fast immer mit einem Beilagensalat serviert, und alle nötigen Zutaten findet man in großer Auswahl in den Supermärkten.

Möhren-Thunfisch-Salat

Diesen Salat mag fast jeder, egal ob als Vorspeise oder als Beilage zu einem Hauptgericht. In Japan verwendet man Möhren meistens in Eintöpfen und in Gerichten, die aus dem Ausland kommen. Dieses Rezept ist eines meiner beliebtesten mit diesem Gemüse – wahrscheinlich, weil die Möhren so gut mit dem Thunfisch harmonieren. Es liegt aber sicher auch daran, dass Möhren noch besser schmecken, wenn sie nicht mehr ganz roh sind, sogar in einem Salat. Um sie leicht anzugaren, ist meiner Meinung nach die Mikrowelle ideal, denn so bleiben sie – anders als beim Kochen mit Wasser – knackig und lecker.

(Für 4 Personen)
200 g Möhren, geschält
1 kleine Zwiebel, fein gehackt
1 TL gehackter Knoblauch
1 EL Sonnenblumen- oder Pflanzenöl
100 g Thunfisch aus der Dose

Für das Dressing:
2 EL Weißweinessig
1 EL Senf, vorzugsweise körniger französischer Senf
Salz und frisch gemahlener Pfeffer
Sojasauce (nach Geschmack)

1 Die Möhren in dünne, 5–6 cm lange Streifen schneiden.

2 Möhren in eine für die Mikrowelle geeignete Schüssel füllen und die Zwiebel, den Knoblauch und das Öl untermischen. Zugedeckt 1–1½ Minuten in der Mikrowelle (600 W) erhitzen oder kurz pfannenrühren, wenn Sie keine Mikrowelle haben.

3 Den Thunfisch abtropfen lassen und zu den Möhren geben. Das Dressing darübergießen und alles gut vermischen.

4 Warm oder kalt servieren.

5 Für mehr Portionen können Sie alle Mengen entsprechend aufstocken, sollten aber nicht mehr als 200 g Möhren auf einmal in der Mikrowelle erhitzen – arbeiten Sie dann lieber portionsweise.

Warmer Auberginensalat
Nasu no Salad

Auberginen sind in Japan sehr beliebt. Man findet unterschiedliche Sorten sowohl auf den Speisekarten vieler Restaurants als auch in den heimischen Küchen. Sie harmonieren sehr gut mit japanischen Gewürzen – besonders mit Sesam, wie dieses Rezept zeigt.

(Für 4 Personen)
350 g Auberginen (siehe Anmerkung)

Für die Sesamsauce:
2 EL Sesampaste (Seite 159) oder orientalisches
    Tahin, ersatzweise ungesüßte Erdnusscreme
2 ½ EL extrafeiner Zucker
2 EL Sojasauce
1 EL Sake (Seite 159)
1 EL Reisessig (Seite 159)
2 EL gemahlene Sesamsamen

20 g Myoga (siehe Anmerkung und Seite 158),
    ersatzweise Schalotten oder Frühlingszwiebeln
5 Shiso-Blätter (siehe Seite 159), ersatzweise einige
    Minze- und Basilikumblätter oder Zitronen-
    melisse

Anmerkung:
Myoga wird zwar manchmal japanischer Ingwer genannt, sein Geschmack ist dem gewöhnlichen Ingwer aber überhaupt nicht ähnlich, darum sind Schalotten oder Frühlingszwiebeln als Ersatz noch eher geeignet. Japanische Auberginen sind viel kleiner als europäische, daher sollten Sie große Auberginen nicht nur halbieren, sondern vierteln.

1 Den Backofen auf 180 °C vorheizen. Die Auberginen vom Stielansatz befreien und die Früchte längs halbieren. 5 Minuten in Wasser legen, dann abtropfen lassen und abtrocknen. Auf einem mit Küchenpapier bedeckten Teller zugedeckt 3–4 Minuten in der Mikrowelle (500 W) erhitzen oder zugedeckt im Backofen ca. 20 Minuten garen. Abkühlen lassen, längs in Streifen schneiden und überschüssiges Wasser ausdrücken.

2 Für die Sauce alle Zutaten gut vermischen.

3 Den Myoga oder die Schalotten in feine Scheiben schneiden. Abspülen und abtropfen lassen. Die Shiso-Blätter längs halbieren und in schmale Streifen schneiden.

4 Die Auberginen auf einem Teller mit der Sauce übergießen und gut vermischen. Myoga und Shiso darüberstreuen und servieren.

Salat mit Sesam-Tofu-Dressing

Diese Sauce mit Sesamaroma ist für mich eine gute Alternative zur französischen Vinaigrette. Sie gibt einem einfachen Salat das gewisse Etwas. Da sie sehr eiweißreich ist, wird ein damit angemachter Salat zum wesentlichen Bestandteil einer Mahlzeit. Die Sauce passt sowohl zu gegarten als auch zu rohen Zutaten.

(Für 4 Personen)
80 g Möhren
100 g frische grüne Spargelstangen
50 g Zuckerschoten
20–30 g Blattsalat
Sesam-Tofu-Dressing (siehe unten)
1 Hand voll grob gemahlene Sesamsamen,
  zum Garnieren

1 Die Möhren in streichholzdünne, 5 cm lange Streifen schneiden. Das untere Drittel der Spargelstangen schälen und das holzige Ende abschneiden. Die Zuckerschoten vom Faden befreien und eventuell die Spitzen kappen.

2 Die drei Gemüsesorten jeweils für sich kurz in kochendem Wasser garen, sodass sie noch knackig im Biss sind. Sofort in eiskaltes Wasser tauchen und 5 Minuten darin abkühlen lassen. Gut abtropfen und auf Küchenpapier trocknen lassen.

3 Die Spargelstangen schräg in 1 cm lange Stücke schneiden, jede Zuckerschote in 3 oder 4 Stücke schneiden. Die Salatblätter grob zerkleinern.

4 Alle Zutaten für den Salat in einer Schüssel oder einem tiefen Teller vermischen und mit der Sauce übergießen. Die gemahlenen Sesamsamen darüberstreuen und servieren.

(Für 4 Personen)
300 g Seidentofu (Seite 69 und 159)
4 EL Sesampaste (Seite 159) oder orientalisches
  Tahin, ersatzweise ungesüßte Erdnusscreme
1 EL Sojasauce
2 EL extrafeiner Zucker
2 EL Mirin (Seite 158)
50 ml Dashi (Seite 27) oder Fischfond
Salz

Sesam-Tofu-Dressing
(Goma fumi tofu sauce)

1 Das Tofu-Wasser abgießen und den Tofu in Küchenpapier wickeln, um die restliche Flüssigkeit aufzusaugen.

2 Sesampaste, Sojasauce, Zucker, Mirin und Dashi in einer Schüssel vermischen. Den Tofu mit den Fingern zerbröckeln und dazugeben, vorsichtig untermischen. Mit Salz würzen und servieren.

Grüne Bohnen und Spargel mit Chili
Sayaingen to Asupara no Kinpira fu

In Gerichten wie diesem Chili zu verwenden, gefällt mir. Gerade zu grünen Bohnen und Spargel passt er ganz ausgezeichnet, Sie können das Rezept aber auch mit anderem Gemüse wie Kartoffeln oder Möhren ausprobieren. Ein Tipp: Wenn Sie das Gemüse zuvor kurz ankochen, verliert es an Wasser und bleibt schön knackig.

(Für 4 Personen)
250 g grüner Spargel
200 g grüne Bohnen
2 EL Olivenöl
1–2 getrocknete rote Chilischoten, die Samen entfernt, in feine Ringe geschnitten (nach Geschmack)
3 EL Sojasauce

1 Das untere Drittel der Spargelstangen schälen und das holzige Ende abschneiden, von den Bohnen jeweils die Spitzen kappen. Beide kurz in kochendem Wasser garen, so dass sie noch knackig im Biss sind. Abgießen und in eiskaltes Wasser tauchen.
2 Wenn Bohnen und Spargel abgekühlt sind, abgießen und trockentupfen. Die Spargelstangen längs halbieren und die Hälften in je 3 Stücke schneiden. Die Bohnen quer halbieren.
3 Das Olivenöl in einer Pfanne oder einem Wok erhitzen und Spargel und Bohnen darin leicht anbraten. Chili und Sojasauce dazugeben, kurz durchwärmen und servieren.

Grüne Bohnen mit schwarzer Sesamsauce

Mit gutem Sesam zu kochen, ist jedes Mal eine Freude für mich. Noch schöner wird es, wenn ich die natürlichen Farben meiner Zutaten zur Wirkung bringen kann. Durch den schwarzen Sesam bekommt dieses an sich einfache Gericht eine besondere Note.

(Für 4 Personen)
200 g grüne Bohnen
50 g geröstete schwarze Sesamsamen
2 EL extrafeiner Zucker
½ El Mirin (Seite 158)
1 EL Sojasauce

1 Die Bohnen vom Faden befreien und dann erst längs und dann quer halbieren. Einige Minuten in kochendem Wasser garen, aber abgießen, bevor sie weich werden. In eiskaltes Wasser geben, einige Minuten darin abkühlen lassen, abgießen und trockentupfen.
2 Die Sesamsamen im Mörser leicht zerstoßen. Zucker, Mirin und Sojasauce dazugeben und alles zu einer Paste verarbeiten.
3 Die Bohnen zur Sesamsauce geben und alles gut durchmischen – am besten mit den Händen, denn alle Bohnen sollten gut mit der Sauce überzogen sein.

Grüne Bohnen mit Hackfleisch

Ingen no Hikiniku Itame

Der süß-scharfe Geschmack dieses Gerichts passt hervorragend zu weißem Reis. Auch kalt schmeckt es sehr gut.

(Für 4 Personen)
400 g grüne Bohnen
3 EL Knoblauch-Zwiebel-Öl (siehe Anmerkung)
200 g Hackfleisch vom Schwein
1–2 rote Chilischoten, die Samen entfernt, in feine Ringe geschnitten
3 EL Sojasauce
½ TL extrafeiner Zucker

Anmerkung:
Für das Knoblauch-Zwiebel-Öl erhitzen Sie 2 in dünne Scheiben geschnittene Knoblauchzehen, 2 in dünne Scheiben geschnittene Zwiebeln, 100 g fein gehackte Frühlingszwiebeln und 400 ml Sonnenblumenöl in einem Wok langsam. Wenn die Frühlingszwiebeln dunkelbraun werden, vom Herd nehmen. Das heiße Öl durch Küchenpapier filtern – aber Vorsicht, verbrennen Sie sich nicht! Vollständig abkühlen lassen und in eine Flasche füllen. Verwenden Sie das Öl nur, solange es frisch riecht.

1 Die Bohnen vom Faden befreien und schräg in drei Teile schneiden. Einige Minuten in kochendem Wasser garen, aber abgießen, bevor sie weich werden. In eiskaltes Wasser tauchen, dann abgießen. Überschüssiges Wasser ausdrücken.
2 Von dem Knoblauch-Zwiebel-Öl 1 EL in einem Wok erhitzen und das Hackfleisch darin braten. Die Chilis dazugeben und mitbraten. Mit 2 EL Sojasauce und dem Zucker würzen.
3 Weitere 2 EL Knoblauch-Zwiebel-Öl in den Wok geben, die Bohnen hinzufügen und alles durchmischen. Nochmals mit 1 EL Sojasauce würzen und servieren.

Spinat im Ohitashi-Stil
Horenso no Ohitashi

Auf diese Art zubereiteter Spinat ergibt ein einfaches, aber sehr leckeres Gericht.

(Für 4 Personen)
300 g frischer Blattspinat
3 EL geröstete Sesamsamen
Nori-Seetang (Seite 158; nach Geschmack)
getrocknete Fischflocken (nach Geschmack)
Sojasauce (nach Geschmack)

1 Den Spinat kurz in kochendem Wasser blanchieren, aber nicht weich kochen. Anschließend für einige Minuten in eiskaltes Wasser geben, abgießen und ausdrücken. In 3 cm große Stücke schneiden.
2 Den Spinat erneut ausdrücken, dann die Blätter etwas auseinanderzupfen.
3 In zwei Häufchen auf einer Servierplatte anrichten. Den Nori-Seetang zerbröseln, mit dem Sesam mischen und ein Häufchen damit bestreuen, über das andere Fischflocken streuen. Mit etwas Sojasauce übergießen und servieren.

Hijiki-Seetang-Salat

Ich begreife nicht, warum sich im Westen so viele Menschen scheuen, Seetang zu essen. Er schmeckt gut, ist gesund und macht nicht dick. Die japanische Küche verwendet eine ganze Reihe von Algenarten, und Hijiki gehört zu meinen Lieblingssorten. Achten Sie darauf, ihn nicht zu lange einzuweichen, sonst wird er zu weich. Die von mir vorgeschlagenen Gemüsesorten sind die, die ich eigentlich immer im Kühlschrank habe. Ersetzen Sie sie nach Belieben durch diejenigen, die Ihnen am besten schmecken.

(Für 4 Personen)
10 g getrockneter Hijiki-Seetang
eine Gemüseauswahl: z. B. Blattsalat, Sellerie,
Möhren, Gurke, Zwiebeln (nach Belieben)

Für das Sardellendressing:
1 Sardellenfilet aus der Dose
2 EL Sonnenblumen- oder Pflanzenöl
1 EL Weinessig
extrafeiner Zucker
frisch gemahlener Pfeffer
1 TL Sojasauce

1 Den Hijiki-Seetang etwa 10 Minuten in lauwarmem Wasser einweichen, gut abgießen und auf Küchenpapier trocknen. Wenn nötig, in kürzere Stücke schneiden.

2 Das Gemüse in schmale Streifen schneiden, 5 Minuten in kaltes Wasser legen, abgießen und trocknen.

3 Die Sardelle fein hacken und mit den anderen Zutaten für das Dressing vermischen.

4 Den Seetang mit den Gemüsestreifen vermischen und auf einer Servierplatte anrichten. Kurz vor dem Essen mit dem Dressing übergießen.

Desserts & Tee

Früher reichte man bei uns zum Abschluss einer Mahlzeit meist frisches Obst, aber heute essen auch Japaner gern etwas Süßes zum Nachtisch, und Desserts haben sich einen festen Platz auf den Speisekarten erobert.

Ich serviere meiner Familie ebenfalls gern ein Dessert, halte aber nichts von den Nachspeisen, die es fertig zu kaufen gibt, denn sie sind mir immer zu süß. Viele Haushalte in Japan haben neuerdings einen Backofen, aber viele Hausfrauen benutzen ihn kaum. Deshalb habe ich Rezepte für Nachspeisen zusammengestellt, die nicht im Ofen gebacken werden.

Viele Desserts, die eigentlich aus Übersee kommen, haben wir längst übernommen und halten sie inzwischen für original japanisch. Wenn Sie die japanischen Versionen von Käsekuchen oder Tiramisu entdecken, werden Sie große Veränderungen feststellen – besonders die Größe der Portionen betreffend. Wenn Sie also ein Dessert im Geiste der japanischen Küche zubereiten wollen, sollten Sie viel kleinere Portionen als normalerweise servieren. Ich finde, es sollte nur um das Geschmackserlebnis gehen – nicht darum, den Magen zu füllen. Weniger ist mehr!

Blütenblatt-Crêpes

Viele meiner japanischen Leser haben sich sicherlich gewundert, als ich dieses Rezept vorstellte. Sie hielten diese traditionellen Crêpes für zu schwierig, um sie selbst machen zu können – bis sie mein Rezept ausprobierten. Die Crêpes selbst bekommen durch ein bisschen Lebensmittelfarbe eine schöne zartrosa Farbe. Gefüllt werden sie mit einer süßen Paste aus roten Bohnen, die für japanische und chinesische Süßspeisen typisch ist und die man im Asia-Laden in Dosen bekommt. Sie können sie aber auch ganz einfach selbst herstellen, wie in der Anmerkung unten beschrieben. Man trinkt zu Süßigkeiten dieser Art japanischen grünen Tee oder chinesischen Jasmintee.

(Für 10 Crêpes)
100 g Mehl
200 ml Wasser
1 TL Zucker
Salz
Sonnenblumen- oder Pflanzenöl
einige Tropfen rote Lebensmittelfarbe
200 g süße Bohnenpaste (Fertigprodukt)

Anmerkung:
Süße Bohnenpaste kann ohne Weiteres auch selbst hergestellt werden. Rote Azuki-Bohnen (aus dem Bioladen oder Reformhaus) über Nacht in Wasser einweichen. Weich kochen, pürieren, nach Geschmack Zucker hinzufügen und bei niedriger Hitze so lange kräftig rühren, bis der Zucker sich vollständig aufgelöst hat.

1 Mehl, Wasser, Zucker und Salz in einer Schüssel zu einem glatten Teig verrühren, dann 1 TL Sonnenblumenöl hinzufügen.

2 Ein paar Tropfen Lebensmittelfarbe in etwas Wasser auflösen und nach und nach in den Teig einrühren, bis er ein zartes Kirschblütenrosa annimmt. Geben Sie nicht zu viel hinein, ein grelles Pink dürfte nicht in Ihrem Sinn sein. 30 Minuten ruhen lassen.

3 Etwas Öl in einer Pfanne leicht erhitzen und verteilen, sodass der Pfannenboden gut eingeölt ist. Überschüssiges Öl vorsichtig mit Küchenpapier aufnehmen. Genug Teig in die Pfanne geben, um einen dünnen runden Pfannkuchen von 10–12 cm Durchmesser zu backen; durch Kippen der Pfanne in alle Richtungen den Teig gleichmäßig verteilen. Wenn er auf einer Seite fertig gebacken ist, wenden Sie ihn und backen die andere Seite. Auf diese Weise den gesamten Teig verarbeiten. Die Crêpes abkühlen lassen.

4 Jeweils 2 gehäufte TL Bohnenpaste zu einer Kugel formen und in die Mitte eines Crêpe setzen. Die Crêpes in der Mitte umschlagen und dann noch einmal falten, sodass sie aussehen wie auf dem Foto.

5 Zum Servieren für jede Person zwei Crêpes auf einem Dessertteller anrichten – möglichst auf einem Teller, der farblich zum Teig passt.

Gedämpfte Frischkäse-Muffins

Diese in der Mikrowelle gebackenen Muffins können Sie morgens schnell zum Frühstück zubereiten. Weil sie leicht und süß sind, schmecken sie auch gut zum Nachmittags-Tee.

(Für 4 Personen)
40 g Frischkäse
½ EL Weißwein
1 EL Sahne
1 EL Sonnenblumen- oder Pflanzenöl
gemahlene Vanille oder Vanillezucker (nach Geschmack)
2 mittelgroße Eier
50 g grober Zucker
50 g Mehl
½ TL Backpulver

Zum Füllen oder Garnieren:
Buttercreme
50 g weiche Butter mit 3 EL extrafeinem Zucker schaumig schlagen. Nach und nach 3 EL Sahne unterrühren.

Erdnuss-Sahne-Creme
2 EL extrafeinen Zucker in 6 EL Sahne geben.
5–6 Minuten schlagen, bis die Sahne steif ist, dann 4 EL Erdnusscreme mit Erdnussstückchen dazugeben und sorgfältig einrühren.

Wenn Sie keine Mikrowelle haben:
Lassen Sie das Öl weg. Den Frischkäse bei Zimmertemperatur cremig rühren. Dann nach Rezept vorgehen. Zum Schluss die Förmchen zu 70 % füllen, vorsichtig in einen Topf mit kochend heißem Wasser setzen und bei mittlerer Hitze 5 Minuten garen lassen.

1 Zunächst die Backformen vorbereiten: vier für die Mikrowelle geeignete Schalen oder Souffléförmchen (9 x 5 cm) mit Backpapier auslegen. Entweder schneiden Sie das Papier genau zu oder drücken es einfach in die Schale – die Falten geben den Muffins eine interessante Form.

2 Frischkäse und Weißwein in eine hitzebeständige Schale geben und in der Mikrowelle (500 W) 20 Sekunden lang erhitzen.

3 Die Schale herausnehmen und den Inhalt cremig rühren.

4 Sahne, Sonnenblumenöl und Vanille hinzufügen und untermischen.

5 Die Eier in eine Schüssel schlagen und mit dem Zucker vermischen. Mit Schneebesen oder Handrührgerät rühren, bis die Masse eindickt.

6 Mehl und Backpulver zur Eiermasse hinzufügen, vermischen und die Frischkäse-Wein-Creme einrühren.

7 Die Förmchen jeweils zur Hälfte mit Teig füllen und lose mit Frischhaltefolie für Mikrowelle verschließen. Genug Platz lassen, damit die Muffins aufgehen können.

8 In der Mikrowelle erst bei schwacher Hitze (150–200 W) 5 Minuten, dann noch einmal 1½ Minuten bei 500 W backen.

9 Die noch heißen Muffins aus der Form heben, Backpapier entfernen.

Süßkartoffeln im Mont-Blanc-Stil

Desserts im Mont-Blanc-Stil sind in Japan sehr beliebt. Kuchen in Form eines steilen Berges verkauft dort fast jede Konditorei. Meist werden sie aus gekochten und pürierten Edelkastanien gemacht, aber ich finde, mit Süßkartoffeln schmecken sie genauso gut.

Entscheidend ist, dass auf die Püreeportion, die zuerst zubereitet wird, ein richtig hoher Berg aus weiterem Püree gehäuft wird, das Sie durch eine Kartoffel- oder Spätzlepresse drücken – auf dem Bild ist es gut zu sehen.

(Für 4 Personen)
300 g Süßkartoffeln
3–4 EL Zucker
1 EL Butter
1 Eigelb, verquirlt
60–70 g Sahne
1 EL Rum
1 TL Mirin (Seite 158)
gemahlener Zimt (nach Geschmack)
Puderzucker (nach Geschmack)

1 Den Backofen auf 200 °C vorheizen. Süßkartoffeln schälen, in Stücke schneiden und sofort in eine mit Wasser gefüllte Schüssel legen, damit sie sich nicht verfärben.

2 Eine für die Mikrowelle geeignete Schüssel mit Küchenpapier auslegen. Die Süßkartoffeln abtropfen lassen, trocknen und in die Schüssel legen. Mit Frischhaltefolie für Mikrowelle abgedeckt 5–6 Minuten in der Mikrowelle (500 W) garen. Oder auf Backpapier für 40 Minuten im Ofen backen, bis sie gar sind.

3 Die gegarten Süßkartoffeln in einer Schüssel zerdrücken. Zucker, Butter und die Hälfte des Eigelbs (die andere Hälfte brauchen Sie später) dazugeben und sorgfältig verrühren. Abkühlen lassen.

4 In einer anderen Schüssel die Sahne leicht steif schlagen und unter das Süßkartoffelpüree heben, dann den Rum einrühren.

5 Das Püree sollte nun relativ fest sein. Aus der Hälfte der Masse acht eiförmige Portionen formen und diese auf ein Backblech setzen. Mit einer Mischung aus dem restlichen Eigelb und dem Mirin glasieren.

6 Die Portionen unter dem Elektrogrill bei mittlerer Hitze goldbraun werden lassen. Abkühlen lassen.

7 Je zwei Portionen pro Person auf einen Teller setzen.

8 Das restliche Püree in eine Kartoffel- oder Spätzlepresse geben. Über jede Portion einen Berg aus Süßkartoffel-»Spätzle« drücken. Zum Schluss mit Zimt und Puderzucker bestreuen.

Wassermelonen-Sorbet
Suika no Sherbet

Wassermelone ist eine herrliche Frucht. Sie betört die Sinne mit ihrer grünen Schale, dem roten Fruchtfleisch und den schwarzen Kernen. An einem heißen Sommertag ist ihr festes, saftiges Fruchtfleisch eine köstliche Erfrischung. Dieses wunderbar rote Sorbet allerdings ist vielleicht noch erfrischender als die Frucht selbst.

(Für 5–6 Personen)
3 EL Zucker
3 EL Wasser
1 kg Fruchtfleisch von einer reifen Wassermelone
1 EL Zitronensaft
1 EL Kirschwasser

1 Zucker und Wasser miteinander vermischen und erhitzen, z. B. 3 Minuten lang offen in der Mikrowelle (500 W) oder in einem Topf, bis sich der Zucker gelöst hat. Abkühlen lassen.

2 Die Kerne aus dem Fruchtfleisch entfernen und dieses dann mit einer Gabel zerdrücken. Nach Geschmack den abgekühlten Zuckersirup, den Zitronensaft und das Kirschwasser hinzufügen und alles mit dem Schneebesen gut vermischen.

3 Die Masse in eine Edelstahlform geben und mit Frischhaltefolie bedeckt einige Stunden im Tiefkühlfach gefrieren lassen.

4 Zum Servieren in Glasschalen das Sorbet mit einem Löffel abschaben.

Gelee-Dessert aus grünem Teepulver
Macha Jelly

Ein klassisches japanisches Dessert, nach dem man süchtig werden kann. Die leicht bittere Note des grünen Teepulvers ist eine wunderbare Ergänzung zur Süße der Kondensmilch. Ich bereite das Gelee am liebsten so zu, dass es gerade eben stockt – wundern Sie sich also nicht darüber, wie weich es ist.

(Für 4 Personen)
Für das Gelee:
5g gemahlene Gelatine oder 3 Blatt Gelatine
1 gehäufter EL grünes Teepulver (Macha-Pulver
    aus dem Asia-Laden)
4 EL extrafeiner Zucker
50 ml kochend heißes Wasser
300 ml kaltes Wasser

Für die Milchsauce:
100 ml Kondensmilch
100 ml Milch

gesüßte rote Azuki-Bohnen (nach Geschmack)

Anmerkung:
In den meisten Asia-Läden bekommen Sie Azuki-Bohnen in der Dose (siehe Anmerkung Seite 149).

1 Die Gelatine nach Packungsanleitung vollständig auflösen.

2 Teepulver und Zucker in einer Schüssel miteinander vermischen. Nach und nach das heiße Wasser hinzufügen und alles zu einer Paste verrühren. Anschließend das kalte Wasser gründlich unterrühren.

3 Die aufgelöste Gelatine rasch in den Tee einrühren. In eine Dessertform umfüllen und im Kühlschrank fest werden lassen. Hin und wieder durchrühren, damit das Gelee sich nicht absetzt.

4 Für die Sauce Kondensmilch und normale Milch miteinander vermischen. Das fertige Gelee mit einem großen Löffel auf einzelne Dessertschalen verteilen und mit der Milchsauce übergießen oder zuerst die Sauce und dann das Gelee auf die Dessertschalen verteilen. Nach Geschmack süße rote Bohnen daraufgeben.

Tee

Es ist faszinierend, wie japanischer grüner Tee die Welt im Sturm erobert hat. Noch vor nicht allzu langer Zeit hätte man kaum zu träumen gewagt, dass man einmal fast überall auf der Welt grünen Tee kaufen könnte. Heute findet man ihn in Beuteln sogar im Supermarkt, und seine gesundheitsfördernde Wirkung ist allgemein anerkannt.

In Japan ist grüner Tee (O-cha) ein Getränk für jeden Tag. Er begleitet alle Mahlzeiten. In Restaurants wird die Teetasse jederzeit kostenlos wieder aufgefüllt, und auch in Hotelzimmern stehen immer heißes Wasser und grüner Tee bereit. Keine Besprechung oder Sitzung ohne grünen Tee. Er ist allgegenwärtig!

Außerhalb Japans bekommt man ihn eher in Form von Teebeuteln als offen, aber wir Japaner bevorzugen frische Blätter. Ich stamme aus der Präfektur Shizoka, einem Hauptanbaugebiet für Tee, und kann mir nicht vorstellen, mit irgendetwas anderem als mit frischen grünen Teeblättern meinen Tee zu bereiten. Wenn Sie offenen Tee finden, geben Sie ihm immer den Vorzug gegenüber Teebeuteln. Und: Man trinkt ihn ungesüßt!

O-cha ist leicht zu kochen, wenn Sie einige einfache Regeln beachten.

1 Wärmen Sie die Teekanne an, bevor Sie die Teeblätter hineingeben.

2 Das Teewasser sollte nicht kochen, sondern nur 50–70 °C heiß sein.

3 Japanische Teekannen sind klein. Nehmen Sie 2–3 TL Tee pro Kanne und lassen Sie den Tee nicht länger als 2–3 Minuten ziehen.

4 Gießen Sie den Tee schluckweise reihum in die Tassen, sodass am Ende jede Tasse mit Tee gleicher Farbe und Stärke gefüllt ist. Sonst bekäme der erste Gast dünnen, der letzte aber sehr kräftigen Tee.

5 Kaufen Sie den besten Tee, den Sie sich leisten können. Die Blätter können ein zweites und drittes Mal aufgegossen werden, das Wasser darf dann etwas heißer sein.

Japanische Teetassen sind vergleichsweise klein und haben keine Henkel. Füllen Sie sie daher nie bis zum Rand, sonst werden sie zu heiß, um sie in die Hand zu nehmen. Traditionelle Teetassen gibt es oft paarweise, mit einer etwas größeren Tasse für den Mann und einer etwas kleineren für die Frau. Ich habe eine moderne Version kreiert, bei der beide Tassen gleich groß sind. Die Auswahl an wunderschönen Tassen und Teekannen bei uns ist riesig, von feinstem Porzellan bis zu grobem, unregelmäßigem Töpferton. Auszuwählen, aus welcher Tasse man trinken möchte, ist beinahe schon das halbe Vergnügen.

Hojicha trinkt man meist zum Abschluss einer Mahlzeit. Dieser Tee wird aus gerösteten Teeblättern bereitet und besitzt ein wunderbar nussiges Aroma. Man kann ihn nicht überall kaufen, aber Sie können ihn aus normalem grünem Tee selbst herstellen:

Eine Hand voll Teeblätter in einer Pfanne oder einem Wok langsam erhitzen; die Pfanne gelegentlich rütteln. Wenn die Blätter die Farbe wechseln, ist der Tee fertig geröstet.

Grüner Eistee ist bei uns als Erfrischung im Sommer sehr beliebt. Ich liebe ihn! Bereiten Sie dafür den Tee etwas stärker zu als normalerweise. Kochen Sie genug, um eine große Kanne zu füllen, lassen Sie ihn abkühlen und geben Sie dann reichlich Eiswürfel hinein. Überraschen Sie doch Ihre Freunde und die Familie einmal im nächsten Sommer damit – wahrscheinlich wird man Ihnen den Eistee aus den Händen reißen.

Glossar

Wenn Sie in einem Restaurant auf Japanisch bestellen wollen – die Aussprache ist recht einfach und ähnlich wie im Deutschen, nur einige Konsonanten spricht man wie im Englischen: »ch« ist »tsch«, »sh« ist »sch«, »s« ist immer stimmlos und »z« wird als stimmhaftes »s« gesprochen.

Daikon

Daikon

Ingwer

Katsuo bushi

Katsuo bushi-Flocken

Ao-nori Getrockneter, fein gehackter Seetang; wird gern auf Okonomiyaki gestreut.

Asari Kleine japanische Venusmuschel.

Bento Japanische Lunchbox.

Chirimen zansho Kleine getrocknete Sardellen, eingelegt in süße Sojasauce und Sansho-Pfeffer.

Daikon Japanischer weißer Rettich; kann durch milden europäischen Rettich ersetzt werden.

Dashi Aus Kombu-Seetang und Fischflocken (Katsuo bushi) hergestellter Fischfond; Basis vieler japanischer Gerichte.

Dashi no moto Instant-Dashi-Pulver, im Asia-Laden erhältlich.

Harusame-Nudeln Sehr dünne Glasnudeln aus Mungobohnen-, Süßkartoffel- oder Kartoffelstärke. Der Name bedeutet »Frühlingsregen«.

Ichimi togarashi Chilipulver.

Ingwer Frischer Ingwer wird in der japanischen Küche sehr häufig verwendet, sowohl frisch – dann meist gerieben – als auch eingelegt. Beim eingelegten Ingwer unterscheidet man zwei Arten: Den in dünne Scheiben geschnittenen Ingwer (Gari) reicht man zu Sushi; dünne rote Ingwerstreifen (Beni shoga) isst man zu Okonomiyaki und Yakisoba.

Katakuriko Kartoffelstärke; kann durch Speisestärke ersetzt werden.

Katsuo bushi Geräucherter und getrockneter Bonito (eine kleine Thunfischart), der für den Gebrauch in der Küche zu sehr feinen Flocken verarbeitet wird. Viel verwendet, unverzichtbar als Grundzutat der Dashi-Brühe.

Kinome Zarte Blätter der stacheligen Esche, die gern als Garnierung verwendet werden; können durch Brunnenkresse, die allerdings anders schmeckt, ersetzt werden.

Kombu Eine Seetangart; Zutat für Dashi und verschiedene andere Gerichte.

La Yu Chiliöl, hauptsächlich für Gerichte chinesischen Ursprungs wie Gyoza verwendet.

Mentaiko Gesalzener und mit Chili gewürzter Rogen vom Alaska-Seelachs oder Kabeljau. In Asia-Läden mit gutem japanischem Sortiment erhältlich.

Mentsuyu Eine Dip-Sauce, normalerweise aus Dashi, Sojasauce, Salz und Zucker zubereitet.

Mirin Süßer Reiswein, der nur zum Kochen verwendet wird; 1 EL Mirin kann durch 1 TL Zucker ersetzt werden.

Miso Reichhaltige, geschmacksintensive Paste, die aus fermentierten Sojabohnen, Salz und Getreide (normalerweise Reis oder Gerste) hergestellt wird und sich jahrelang hält. Man verwendet es für viele Gerichte, und in Misosuppe ist es die Hauptzutat. Rotes Miso (Akamiso) ist mittelbraun, proteinreich und sehr salzhaltig; das weiße Miso (Shiromiso) ist milder und eignet sich auch für Dressings. Die Mischung aus beiden Sorten heißt Aware Miso.

Mitsuba Das Kraut mit dem botanischen Namen Cryptotaenia japonica ähnelt im Aussehen glatter Petersilie, schmeckt aber wesentlich aromatischer und mehr nach Sellerie. Petersilie ist ein akzeptabler Ersatz. Manchmal eignet sich auch Koriandergrün.

Myoga Die aromatische Knospe des Mioga-Ingwers. Im Asia-Laden in eingelegter Form, gelegentlich sogar frisch erhältlich. Ingwer ist kein Ersatz, eher Schalotten oder Frühlingszwiebeln.

Negi Lauchähnliche Zwiebelpflanzen gibt es in Japan zahlreich. Am häufigsten sind Naga negi und Banno negi, die in etwa Frühlingszwiebel und Lauch entsprechen.

Nira Der Chinalauch oder Schnittknoblauch hat einen starken Geruch und schmeckt sehr intensiv.

Nori Papierdünner, trockener Seetang, am bekanntesten als Umhüllung für Sushi-Rollen.

Kombu

Myoga

Negi

Negi

Sashimi

Pak Choi Chinesischer Senfkohl, ein Blattgemüse. Im Asia-Laden erhältlich.

Ponzu-Sojasauce Eine Dip-Sauce, zubereitet aus Sojasauce und dem Saft einer Zitrusfrucht wie Sudachi oder Yuzu (heutzutage auch Zitrone).

Pilze In Japan gibt es eine große Vielfalt an Pilzen, von denen die meisten – Maitake, Shimeji, Eringi, Enoki usw. – im Westen aber höchstens in getrockneter Form zu finden sind. Lediglich der Shiitake ist auch hierzulande frisch erhältlich.

Reis (Kome) Der wissenschaftliche Name für japanischen Reis ist Oryza sativa japonica. Er ist rundkörnig und klebrig und kann deshalb gut mit Stäbchen gegessen werden.

Reisessig Ein in der japanischen Küche häufig verwendeter säurearmer und milder Essig.

Sake Japanischer Reiswein. Schmeckt ähnlich wie ein sehr trockener Sherry und wird heiß oder kalt getrunken.

Sansho-Pfeffer Die gemahlenen Früchte der Stachelesche haben ein würziges Aroma mit einem Hauch von Zitrus. Der eng verwandte Szechuan-Pfeffer ist ein brauchbarer Ersatz.

Sashimi In dünne Scheiben geschnittener roher Fisch, der sehr frisch sein muss.

Sesamöl Das Öl aus gerösteten Sesamsamen besitzt ein intensives Aroma und wird in sehr geringen Mengen verwendet. Es brennt leicht an.

Sesampaste Die reichhaltige japanische Sesampaste wird aus gerösteten Sesamsamen hergestellt. Das orientalische Tahin ist ein akzeptabler Ersatz.

Sesamsamen In der japanischen Küche verwendet man vor allem bereits angeröstete schwarze und weiße Sesamsamen.

Shichimi togarashi Eine häufig verwendete Mischung aus sieben Gewürzen auf Chilibasis.

Shiso Die auch Perilla genannte Pflanze ist mit Minze und Basilikum verwandt; ihre sehr aromatischen Blätter ähneln denen von Nesseln. Kann durch Minze und Basilikum oder Zitronenmelisse ersetzt werden.

Shochu Ein farbloser Schnaps, der aus Kartoffeln, Gerste oder Hirse gebrannt wird.

Shokoshu Chinesischer Reiswein; stärker als Sake und mit feinem kräuterwürzigem Unterton.

Sojasauce Einer der Grundpfeiler der japanischen Küche; wird aus Sojabohnen, Weizen und Salz hergestellt. Sojasauce (Koikuchi) ist weltweit erhältlich, man sollte jedoch möglichst ein japanisches Fabrikat verwenden. Eine dünnere Variante (Usukuchi), die zwar leichter, aber auch salziger ist, verwendet man, wenn das Gericht nicht dunkel gefärbt werden soll.

Somen Sehr dünne weiße Weizennudeln.

Tentsuyu Dip-Sauce für Tempura; eine heiß servierte, mit Dashi verdünnte Version von Mentsuyu.

To Ban Jan Chinesische Chilipaste.

Tofu Fettarmer, proteinreicher Bohnenquark aus geronnener Sojamilch. Frischer Tofu wird in zwei Hauptarten angeboten: Seidentofu (Kinugoshidofu) fällt leicht auseinander und schmeckt am besten nur mit Sojasauce und geriebenem Ingwer, macht sich aber auch gut in Dips und Dressings. Der gepresste Baumwolltofu (Momengoshidofu) eignet sich vor allem zum Braten.

Wakame Eine mild und delikat schmeckende Seetangart, die gern in Misosuppe und Salaten serviert wird. Im Asia-Laden in getrockneter Form erhältlich.

Wasabi Die geriebene Wurzel des japanischen Meerrettichs. Die extrem scharfe grüne Paste wird vor allem zu Sashimi und Sushi serviert. Im Asia-Laden in der Tube oder als Pulver zum Anrühren mit Wasser erhältlich.

Yuzu Japanische Zitrusfrucht, der Limette ähnlich.

Register der Zutaten (Rezepttitel siehe Inhaltsverzeichnis)